总主编 ◎ 楼宇烈

中|华|优|秀|传|统|文|化|经|典|丛|书

韩非子

（战国）韩非　著 ◎ 王守常　注译评

【上】

·北京·

图书在版编目（CIP）数据

韩非子 /（战国）韩非著；王守常注译评． -- 北京：
金城出版社有限公司，2024.6
（中华优秀传统文化经典丛书 / 楼宇烈主编）
ISBN 978-7-5155-2571-6

Ⅰ．①韩… Ⅱ．①韩… ②王… Ⅲ．①《韩非子》
Ⅳ．① B226.5

中国国家版本馆 CIP 数据核字(2024)第014479号

韩非子（全三册）

作　　者（战国）韩非
注 译 评　王守常
策　　划　善品堂®藏书
责任编辑　彭洪清
特约编辑　刘　静
责任校对　杨　超
责任印制　李仕杰
开　　本 889 毫米 ×1194 毫米　1/32
印　　张 33.5
字　　数 650 千字
版　　次 2024 年 6 月第 1 版
印　　次 2024 年 6 月第 1 次印刷

书　　号 ISBN 978-7-5155-2571-6
定　　价 256.00 元（全三册）

出版发行　金城出版社有限公司　北京市朝阳区利泽东二路 3 号　邮编：100102
发 行 部（010）84254364
编 辑 部（010）64210080
总 编 室（010）64228516
网　　址 http://www.jccb.com.cn
电子邮箱 jinchengchuban@163.com
法律顾问 北京植德律师事务所　18911105819

中华优秀传统文化经典丛书

总主编

楼宇烈

国学泰斗，北京大学资深教授

副总主编

聂震宁

著名出版家、作家，韬奋基金会理事长

中国出版集团公司原总裁

王杰

中共中央党校（国家行政学院）教授，中国实学研究会会长

总策划

何德益

善品堂创始人、董事长

出版缘起

　　文化是一个国家、一个民族的灵魂。泱泱华夏，五千年文明历史所孕育的中华优秀传统文化，是中华民族生生不息、发展壮大的丰厚土壤。

　　党的十八大以来，以习近平同志为核心的党中央高度重视中华优秀传统文化的传承与发展。2013 年 11 月 26 日，习近平总书记在山东曲阜考察时强调，要大力弘扬中华优秀传统文化。2022 年 6 月 8 日，习近平总书记在四川眉山三苏祠考察时指出："要善于从中华优秀传统文化中汲取治国理政的理念和思维。"2017 年 1 月，中共中央办公厅、国务院办公厅印发《关于实施中华优秀传统文化传承发展工程的意见》，系统部署传承发展中华优秀传统文化的战略任务，把传承中华优秀传统文化提升到新的历史高度。2022 年 4 月，中共中央办公厅、国务院办公厅印发《关于推进新时代古籍工作的意见》，明确指出，要完善古籍工作体系、提升古籍工作质量，"挖掘古籍时代价值"，"促进古籍有效利用"，"做好古籍普及传播"。

中华传统文化是中华民族的"根"与"魂"。文化兴则国家兴，文化强则民族强。没有高度的文化自信，没有文化的繁荣兴盛，就没有中华民族的伟大复兴。党的十九届六中全会强调，要"推动中华优秀传统文化创造性转化、创新性发展"。为适应全民阅读、共读经典的时代需求，我们组织出版《中华优秀传统文化经典丛书》，以展示古籍研究领域的成果，推广、普及中华优秀传统文化经典，传承、弘扬中华优秀传统文化，提振当代中国人的文化自信。

激活经典，熔古铸今。丛书精选中华优秀传统文化经典，既选取广为人知的历史沉淀下来的传世经典，也增选极具价值但多部大型丛书未曾选入的珍稀出土文献（如诸多竹简、帛书典籍），充分展示中华传统文化的历史脉络与宏富多元。丛书由众多学识渊博的专家学者担任编委，遴选各领域杰出研究者与传承人担任解读（或译注）作者，切实保证作品品质。

丛书定位为中华优秀传统文化经典普及读物，力求能让广大读者亲近经典、阅读经典，充分领略和感受中华优秀传统文化的魅力，并从中获益。为此，解读者（或译注者）以当代价值需求为切入点解读古代典籍，全方位解决古文存在的难读难解、难以亲近的问题，让中华优秀传统文化贴近现实生活，走进人们的心中，最大限度地发挥文化人的作用。

"问渠那得清如许？为有源头活水来。"博大精深的中华文化源远流长，五千年文脉绵延不绝，中华优秀传统文化是中华儿女奋发图强、继往开来、实现中华民族伟大复兴的强大精神来源。"洒扫应对，莫非学问。"读者诸君若能常读经典、读好经典，真正把传统文化的精义、真髓切实融入生活和工作，那各位的知与行也一定能让生活充满希望，让工作点亮未来，让国家昌盛，让世界更美好！

丛书编委会

2022 年 6 月 9 日

前　言

　　《韩非子》是先秦法家集大成之杰作，是中国古代政治学方面的名著，在古代哲学、文学史上也享有盛誉。它和先秦诸子百家如道家、儒家、墨家、兵家、名家、阴阳家等学派的著作交相辉映，共同编织了灿烂夺目的中国古代优秀传统文化彩虹。《韩非子》旧称《韩子》，到了宋代以后，因为学者们大多尊称唐代的大文学家韩愈为"韩子"，为了避免与韩非产生混淆，于是就改称为《韩非子》。

　　宋朝名相赵普说："半部《论语》治天下。"无独有偶，近代著名学者、革命家章太炎称"半部《韩非子》治天下"。严复在上光绪的"万言书"中也说："在今天要谈救亡图存的学说，我想只有申不害、韩非子的大致可用。"这里的两个"半部说"，恰好合二为一，正是中国封建社会统治思想的集中体现。"霸王道杂之"也好，"外儒内法"也好，都说明儒、法思想整体上的结合，构成了封建社会中占统治地位的思想基础，透出了一个时代的精神支柱。这也说明儒、法的互补性、可合成性。不仅儒、法两家如此，而且两家与百家也是互相渗透、相辅相成的，形成了共同支撑中国传统文化并从不同角度完成其历史使命的格局。

《韩非子》的作者韩非（约前280—前233年），韩王（战国末期韩国君主）之子，尊称韩非子或韩子。《史记》记载，韩非精于"刑名法术之学"，"而其归本于黄老"，与秦相李斯都是荀子的学生。韩非文章出众，连李斯也自叹不如。韩非自谓"新圣"，李斯称其言为"圣人之言"，后世学者也称颂"韩非圣于战国"。可是，就是这样一个超凡脱俗的圣者，最后被幽杀于云阳狱中，这不能不说是历史的一大悲剧。

《韩非子》是韩非本人的思想体系的具体体现，这部书涉及政法、哲学、社会、财经、军事、教育、文艺等各个领域，但就其主体而言，则是韩非的政治思想，是一种纯粹的君主独裁论，也就是古人所称道的"帝王之学"。高扬君权，是飘扬在韩非子政治理论阵地上空的一面鲜艳夺目的旗帜。韩非子采诸子百家学说之精华，构建起了"法、术、势"一体的中央集权、君主独裁政治体制的框架，为秦帝国的统一大业奠定了坚实的思想理论基础。可以说，中国古代各种学术思想的实际政治效应还没有超过韩非的。正如一位名人所说的那样："诸子中，唯韩非书最切世用。"

　　无可否认，《韩非子》是中国古代历史上一部杰出的政治学、法学、哲学、文学巨著。说权术，辨奸臣，千秋青史，当首推于韩非；治国安邦，君主策略，臣子应对，运筹帷幄之中，决战千里之外，全在此书。故此，编委会邀请著名学者王守常先生重新注评此书，以奉读者诸君。

目　录

初见秦第一

臣闻："不知而言，不智；知而不言，不忠。"为人臣，不忠当死[1]，言而不当亦当死。虽然，臣愿悉言所闻，唯大王裁其罪[2]。

【注释】

1 死：判决死罪。

2 大王：指秦昭王。

【译文】

我听说："不知道便乱说，是不聪明；知道了却不肯说，是不忠诚。"做臣子的，不忠诚应当判死罪，说了不得当的也应该判死罪。即使这样，我还是愿意把我的见解全部说出来，希望大王来判定我进言之罪。

臣闻：天下阴燕阳魏[1]，连荆固齐[2]，收韩而成从[3]，将西面以与秦强为难。臣窃笑之。世有三亡，而天下得之，其此之谓乎！臣闻之曰："以乱攻治者亡，以邪攻正者亡，以逆攻顺者亡。"今天下之府库不盈，囷仓空虚，悉其士民，张军数十百万，其顿首戴羽为将军断死于前不至千人[4]，皆以言死。白刃在前，斧锧在后，而却走不能死也。非其士民不能死也，上不能故也。言赏则不与，言罚则不行，赏罚不信，故士民不死也。今秦出号令而行赏罚，有功无功相事也[5]。出其父母怀衽之中，生未尝见寇耳，闻战，顿足徒裼，犯白刃，蹈炉炭，断死于前者皆是也。夫断死与断生者不同，而民为之者，是贵奋死也。夫一人奋死可以对十，十可以对百，百可以对千，千可以对万，万可以克天下矣。今秦地折长补短，方数千里，名师数十百万。秦之号令赏罚、地形利害，天下莫若也。以此与天下[6]，天下不足兼而有也。是故秦战未尝不克，攻未尝不取，所当未尝不破[7]，开地数千里，此其大功也。然而兵甲顿，士民病，蓄积索，田畴荒，囷仓虚，四邻诸侯不服，霸王之名不成。此无异故，其谋臣皆不尽其忠也。

【注释】

1 燕：诸侯国名，在今河北省北部和辽宁省南部。燕国是战国七雄之一，但在七国中力量较弱。魏：诸侯国名，在今河南省北部和东部、山西省西部和河北省部分地区。

2 荆：楚国的另称。战国时楚国的范围包括今湖北省全部、湖南省大部、河南省南部以及安徽、江西、浙江、江苏等省的部分地区。齐：诸侯国名，范围包括今山东省北部、东部和河北省东南部。

3 韩：诸侯国名，在今河南省中部、山西省东南部。从：通"纵"，南北为纵，这里指合纵。战国时苏秦主张齐、楚、燕、韩、赵、魏六国结成联盟对抗秦国，由于六国在位置上成南北向，所以称"合纵"。

4 至：通"止"。

5 相：看。

6 与：通"举"。

7 当：通"挡"。

【译文】

我听说：天下各国以赵国为中心，北边连结燕国，南边连结魏国，又在联合楚国，加固与齐国的团结，收罗韩国，组成了串连南北的合纵联盟，准备向西来与秦国竭力作对。我私下里在讥笑他们。世界上有三种使国家灭亡的情况，而天下六国都占有了，大概就是指这种合纵攻秦的情形吧！我听说过这样的话："拿混乱的国家去进攻安定的国家，就要灭亡；拿邪恶的国家去进攻正义的国家，就要灭亡；拿倒行逆施的国家去进攻顺应天道人心的国家，就要灭亡。"现在天下各国的国库里财物不充足，粮仓里空空荡荡，却征集了他们所有的民众，部署的军队号称上百万。其中在将军面前磕头宣誓、愿意头戴羽毛为将军到前线决一死战的人不止上千，他们都说要去拼命。但等到敌人闪亮的刀口出现在面前的时候，即使斧头、砧板等腰斩的刑具放在后面时刻准备处决逃兵，他们还是要退却逃跑。这并不是民众不能拼死作战，而是因为六国的君主不能使他们去拼死啊。这些君主说要奖赏却不给，说要惩罚却不执行，赏罚不讲信用，所以士兵不肯拼死啊。现在秦国颁布法令实行赏罚，有功无功都验看事实来论定。所以秦国的民众即使有生以来从未看见过敌人，但听说要打仗，都勇敢地跺脚赤膊，冒着敌人闪亮的刀剑，踏着敌人设置的烧红的炉炭，要在前线决一死战。决心拼死和苟且贪生是不一样的，然而秦国的民众情愿与敌人拼死，这是因为秦国的国君推崇奋勇死战啊。一个人奋力死战，可以抵抗十个敌人；十个人奋力死战，可以抵抗一百个敌人；一百个人奋力死战，可以抵抗一千个敌人；一千个人奋力死战，可以抵抗一万个敌人；一万个人奋力死战，就可以征服天下了。现在秦国的土地截长补短，方圆有几千里，名震天下的精锐部队有数十百万。秦国的法令赏罚、地形优势，天下没有哪一个国家能及得上。凭这些去攻取天下，天下各国还不够秦国吞并与占有。所以秦国作战没有不胜利的，攻城略地没有不取得的，要阻击的敌人没有不被打败的，扩大了几千里疆土，这是秦国的丰功伟绩啊。但是现在秦国的兵器铠甲破烂不堪，士兵疲劳困倦，积蓄用光，农田荒芜，粮仓空虚，四面相邻的诸侯国都不归服，称霸称王的功名不能成就。这没有别的缘故，只因为策划计谋的大臣都不能竭尽他们的忠诚啊。

臣敢言之：往者齐南破荆，东破宋，西服秦，北破燕，中使韩、魏，土地广而兵强，战克攻取，诏令天下。齐之清济浊河[1]，足以为限；长城巨防[2]，足以为塞。齐，五战之国也，一战不克而无齐[3]。由此观之，夫战者，万乘之存亡也。且臣闻之曰："削迹无遗根，无与祸邻，祸乃不存。"秦与荆人战，大破荆，袭郢[4]，取洞庭、五湖、江南[5]，荆王君臣亡走，东服于陈[6]。当此时也，随荆以兵，则荆可举；荆可举，则民足贪也，地足利也，东以弱齐、燕，中以凌三晋[7]。然则是一举而霸王之名可成也，四邻诸侯可朝也，而谋臣不为，引军而退，复与荆人为和。令荆人得收亡国，聚散民，立社稷主，置宗庙，令率天下西面以与秦为难。此固以失霸王之道一矣。天下又比周而军华下，大王以诏破之，兵至梁郭下。围梁数旬，则梁可拔；拔梁，则魏可举；举魏，则荆、赵之意绝；荆、赵之意绝，则赵危；赵危而荆狐疑；东以弱齐、燕，中以凌三晋。然则是一举而霸王之名可成也，四邻诸侯可朝也，而谋臣不为，引军而退，复与魏氏为和。令魏氏反收亡国，聚散民，立社稷主，置宗庙，令率天下西面以与秦为难。此固以失霸王之道二矣。前者穰侯之治秦也，用一国之兵而欲以成两国之功，是故兵终身暴露于外，士民疲病于内，霸王之名不成。此固以失霸王之道三矣。

【注释】

1 清济浊河：济：济水。河：黄河。

2 巨防：防门，齐国长城西段的一个要塞，位于平阴城（今山东平阴东北）南。

3 一战不克而无齐：指齐湣王十七年（公元前 284 年）燕、秦等五国联军在济西打败齐军一事。

4 郢（yǐng）：楚国的都城，在今湖北江陵。

5 五湖：位于汉水流域，具体所在不详。

6 服：保，防守。

7 三晋：指取代晋国而建立的韩、赵、魏三国。

【译文】

请恕我冒昧地述说以下的事实：从前齐国南面打败了楚军，东面打败了宋国，西面迫使秦国顺服，北面击败燕国，在中部调遣韩、魏两国，领土广阔而兵力强大，战则胜，攻则取，号令天下。齐国境内的济水、黄河，足以用作防线；长城、防门，足以作为要塞。齐国是打了五次胜仗的国家，但在后来由于一次战斗失利便几近灭亡了。从这种情况来看，战争关系到大国的存亡。况且我听说过这样的话："砍树不要留根，做事不留后患，祸害就不会发生。"从前，秦、楚两国的军队作战，秦军攻破楚军，攻取了郢都，占领洞庭湖、五湖、江南一带，楚国的国君和群臣都逃跑了，在东面的陈城苟且设防。当此之时，如果带领军队追歼楚军，就可以占领楚国；占领楚国，楚国的百姓就能够全部归我所有，楚国的土地就能够全部归我所用，向东面可进而削弱齐、燕两国，在中原可进而侵凌韩、赵、魏三国。这样就可以一举而成就霸王的功名，可使四方的诸侯齐来朝拜。然而谋臣不这样做，却率领军队撤退，重新与楚人讲和，让楚人可以收复失去的领土，聚集逃散的百姓，重立社稷坛上的神主，设置宗庙，让他们统率东方各国向西来和秦国作对。这是秦国第一次失去称霸天下的机会。天下各国又相互勾结驻兵于魏国的华阳城境内，大王下令将他们击败了，兵临大梁城下。只要将大梁包围数十天，就可攻克大梁；攻克大梁，就可占领魏国；

占领魏国，楚、赵两国联合抗击秦国的意图就无法实现了；楚、赵两国联合抗击秦国的意图无法实现，赵国就危险了；赵国危险，楚国就会犹豫不决。大王向东面可进而削弱齐、燕，在中原可进而侵凌韩、赵、魏。这样就可以一举而成就霸王的功名，可使四方的诸侯齐来朝拜。然而秦国出谋划策的臣子们不这样做，却率领军队撤退，重新与魏人讲和，使魏国回过头来收复已经失去的领土，聚集逃散百姓，重立社稷坛上的神主，设置宗庙，让他们统帅东方各国向西来和秦国作对。这是秦国第二次失去称霸天下的机会。先前穰侯治理秦国时，想用秦国一个国家的兵力来成就两个国家的功业，因此士兵终身在野外艰苦作战，百姓在国内疲惫不堪，称霸称王的功名不能成就。这是秦国第三次失去称霸天下的机会。

赵氏，中央之国也，杂民所居也，其民轻而难用也。号令不治，赏罚不信，地形不便，下不能尽其民力。彼固亡国之形也，而不忧民萌[1]，悉其士民军于长平之下[2]，以争韩上党[3]。大王以诏破之，拔武安。当是时也，赵氏上下不相亲也，贵贱不相信也。然则邯郸不守。拔邯郸，管山东河间[4]，引军而去，西攻修武[5]，逾羊肠[6]，降代、上党[7]。代四十六县，上党七十县，不用一领甲，不苦一士民，此皆秦有也。代、上党不战而毕为秦矣，东阳、河外不战而毕反为齐矣，中山、呼沱以北不战而毕为燕矣[8]。然则是赵举，赵举则韩亡，韩亡则荆、魏不能独立，荆、魏不能独立，则是一举而坏韩、蠹魏、挟荆，东以弱齐、燕，决白马之口以沃魏氏[9]，是一举而三晋亡，从者败也。大王垂拱以须之，天下编随而服矣，霸王之名可成。而谋臣不为，引军而退，复与赵氏为和。夫以大王之明，秦兵之强，弃霸王之业，地曾不可得，乃取欺于亡国。是谋臣之拙也。且夫赵当亡而不亡，秦当霸而不霸，天下固以量秦之谋臣一矣。乃复悉士卒以攻邯郸，不能拔也，弃甲兵弩，战竦而却，天下固已量秦力二矣。军乃引而复，并于李下[10]，大王又并军而至，与战不能克之也，又不能反，军罢而去，天下固以量秦力三矣。内者量吾谋臣，外者极吾兵力。由是观之，臣以为天下之从，几不难矣。内者，吾甲兵顿，士民病，蓄积索，田畴荒，困仓虚；外者，天下皆比意甚固。愿大王有以虑之也。

【注释】

1 民萌：泛指民众。萌：通“氓”。

2 长平：赵国的地名，在今山西高平西北。

3 上党：韩国郡名，位于今山西东南部。

4 管：包抄，控制。山东：崤山以东一带。河间：战国时赵国领土，位于黄河与永定河之间，今属河北。

5 修武：赵国的地名，在今河南获嘉。

6 羊肠：要塞名，在今山西壶关东南。

7 代：赵国郡名，在今山西东北和河北蔚县一带。

8 中山：春秋战国时国名，在今河北中部灵寿与唐县一带。
呼沱：即滹沱河，在今河北境内。

9 白马之口：古代黄河白马渡口，在今河南滑县东北。

10 李下：赵国的地名，在今河南温县境内。

【译文】

赵国是地处神州中央的国家，是工、商游食之民居住的地方，国内百姓轻率而难以使役。赵国的法令制度还没有确立，赏罚不分明，地势不利于防守，君主不能使下面的百姓尽心竭力。它本就处在亡国的形势之下，却又不体恤百姓，将全部的士兵、百姓都征调驻扎在长平城下，来争夺韩国的上党郡。大王下令击败他们，攻取了赵国的武安城。在这个时候，赵国君臣上下不能团结一致，贵族与平民之间不能相互信任，这样邯郸就会失守。秦军攻取邯郸，包抄崤山以东、黄河与永定河之间的地域，再率领军队向西攻打修武城，越过要塞羊肠，降服代、上党两郡。代郡四十六县，上党郡七十县，不用一兵一甲，不辛苦一个士民，就都归秦国所有了。代、上党两郡不经战斗而全归秦国所有，东阳、滹沱河外的地区未经战斗就全归齐国所有了，中山、滹沱河以北的地区不经战斗就全归燕国所有了。这样一来，赵国就被占领了；赵国被占领，韩国就灭亡了；韩国灭亡，楚、魏两国就不能独自存在；楚、魏两国不能独自存在，就是一举而摧毁了韩国、破坏了魏国，同时又挟制了楚国，向东削弱了齐、燕两国；打开白马渡口来淹魏国，这是一举而消灭韩、赵、魏三国，和它们合纵的盟国也遭到了失败。大王本可安闲地等待着，天下诸侯一个个都跟着臣服了，霸王之名也就可以成就了。然而秦国出谋划策的臣子们不这样做，他们率领军队撤退，又和赵人讲和。凭大王的英明，秦国军队的强大，舍弃大王的霸业，土地居然还没有得到，还被即将灭亡的赵国欺骗，这是谋臣的笨拙所致。再说赵国应当灭亡而未能灭亡，秦国应当称霸而未能称霸，天下一定依此估测到秦国谋臣的笨拙，这是其一。接着秦国又征调全部兵力去攻打邯郸，不但没能攻下，还丢掉盔甲、兵器，战栗地退却，天下一定依此估测到秦国武力不强，这是其二。于是秦国的军队又被带了回来，在李下一带会合，大王又派来了援军，参与战斗却不能打败敌人，又不能撤回，直到军队疲困才退兵，天下一定会依此估测到秦国的实力，这是其三。内部估测到我国谋臣的笨拙，外部耗尽了我国的兵力。由此，我认为崤山以东六国的合纵，差不多没有什么障碍了。对内，士兵困顿，百姓疲弊，积蓄用尽，田地荒芜，谷仓空虚；对外，六国相互勾结的意愿更坚固了。希望大王切实考虑一下上述形势。

　　且臣闻之曰："战战栗栗[1]，日慎一日，苟慎其道，天下可有。"何以知其然也？昔者纣为天子，将率天下甲兵百万[2]，左饮于淇溪[3]，右饮于洹溪[4]，淇水竭而洹水不流，以与周武王为难。武王将素甲三千，战一日，而破纣之国，禽其身[5]，据其地而有其民，天下莫伤。知伯率三国之众以攻赵襄主于晋阳[6]，决水而灌之三月，城且拔矣，襄主钻龟筮占兆[7]，以视利害，何国可降。乃使其臣张孟谈。于是乃潜行而出，反知伯之约，得两国之众以攻知伯，禽其身，以复襄主之初。今秦地折长补短，方数千里，名师数十百万。秦国之号令赏罚、地形利害，天下莫如也。以此与天下，可兼而有也。臣昧死愿望见大王，言所以破天下之从，举赵，亡韩，臣荆、魏，亲齐、燕，以成霸王之名，朝四邻诸侯之道。大王诚听其说，一举而天下之从不破，赵不举，韩不亡，荆、魏不臣，齐、燕不亲，霸王之名不成，四邻诸侯不朝，大王斩臣以徇国[8]，以为王谋不忠者也。

【注释】

1 栗：通"慄"。

2 将：与"率"同义，率领。

3 淇溪：即今河南东北部的淇水。

4 洹溪：即今河南北部的安阳河。

5 禽：通"擒"。

6 知伯：即智伯，指荀瑶，春秋末期晋国的六卿之一，后来被韩、赵、魏三家联合击败。赵襄主：即赵襄子，名无恤，战国初期晋国六卿之一，公元前453年，他联合韩康子、魏宣子共同灭了智氏。晋阳：赵氏的封邑，位于今山西太原西南。

7 钻龟：钻凿龟壳，指占卜。古代占卜，先在龟甲上钻凿槽穴，然后烧灼使其发生爆裂，龟甲发出的爆裂之声即是"卜"之字音，爆裂产生的裂纹即是"卜"或"兆"之字形，根据这兆纹来推断吉凶就是占卜。筮：算卦。占兆：根据兆纹卦象进行推测。古代遇到大事先筮后卜。

8 徇：巡行，示众。

【译文】

而且，我听说过这样的话："诚惶诚恐，一天比一天谨慎，如果谁能够谨慎地遵循那正确的政治原则，那么天下就可以被他占有了。"为什么这么说呢？从前纣当天子，带领了天下百万大军，东边在淇溪喝水，西边在洹溪喝水，淇溪中的水被喝干了，而洹溪中的水也少得不能流动了，他拿这样庞大的军队来和周武王为敌。周武王带领了穿着为周文王服丧的白色铠甲的士兵三千人，在甲子日战斗了一天，便攻破了纣王的国都，活捉了纣王，占据了他的国土而拥有了他的民众，天下没有一个人怜悯他。智伯率领了智氏、韩氏、魏氏三国的军队到晋阳去攻打赵襄子，决开晋水河堤来灌没晋阳城达三个月之久，晋阳城将要被攻克了，赵襄子钻凿龟壳、抽取蓍草占问兆纹卦象，来预测吉凶，看应该投降给哪一个国家。于是就派遣了他的臣子张孟谈。在这个时候，张孟谈偷偷地溜出了晋阳城，使韩、魏两家背叛了与智伯缔结的盟约，获得了韩、魏两家的军队来攻打智伯，活捉了智伯，因而恢复了赵襄子原有的地位。现在秦国的领土截长补短，方圆有几千里，名震天下的精锐部队有数十百万。秦国的法令赏罚、地形优势，天下没有哪一个国家能及得上。凭这些去攻取天下，天下各国就可以兼并而占有了。我冒着死罪希望能拜见大王，陈说一下用来破坏崤山以东六国的合纵联盟、攻取赵国、灭掉韩国、使楚国和魏国臣服、使齐国和燕国来亲附，从而成就称霸称王的功名、使四方诸侯来朝拜的谋略。大王如果真的听从了我的话，采取了这一行动而崤山以东六国的合纵联盟不能破坏，赵国不能攻下，韩国不能灭掉，楚国、魏国不来称臣，齐国、燕国不来亲附，称霸称王的功名不能成就，四方诸侯不来朝拜，请大王把我杀了在国内巡行示众，把我当作不忠心为大王谋划的人好了。

【评点】

　　"初见秦"，实际上是韩非初次进见秦王的一篇奏章，意在劝秦王运用战争手段一统天下，建立统一的中央集权国家。

　　在本文中，韩非为秦王仔细分析了秦国的形势，指出秦国已经具备了统一天下的条件，他认为秦王之所以没有成就"霸王之名"，主要原因就是"谋臣皆不尽其忠"以及"拙"于战争，使得秦王错失了三次称霸良机。韩非认为虽然如此，但是秦国仍然可以兼并天下，并希望能够见到秦王，从而献上统一天下的计策。值得指出的是，文章在谈到战争的时候，强调了战争的作用，认为它是关系到国家存亡的大事，必须要"战战栗栗"，谨慎对待。这一军事思想，在今天仍然具有非常积极的现实意义。

存韩第二

韩事秦三十余年[1]，出则为扞蔽[2]，入则为席荐。秦特出锐师取秦地而随之，怨悬于天下，功归于强秦。且夫韩入贡职，与郡县无异也。今臣窃闻贵臣之计，举兵将伐韩。夫赵氏聚士卒，养从徒，欲赘天下之兵[3]，明秦不弱，则诸侯必灭宗庙，欲西面行其意，非一日之计也。今释赵之患，而攘内臣之韩[4]，则天下明赵氏之计矣。

【注释】

1 事：侍奉。

2 扞（hàn）蔽：护卫。扞，射箭时保护手臂的皮质手套。蔽，遮挡车子的布帘。

3 赘：通"缀"，联合。

4 攘：除掉。

【译文】

韩国侍奉秦国三十多年了，在外，它就如同屏障一样庇护着秦国；在内，它如同坐席一般供秦国使用。秦国只要派出精兵攻取别国，韩国总是追随，韩国和天下各诸侯国都结下了仇怨，而利益却归于强盛的秦国。而且韩国向秦国进贡尽职尽责，与秦国的郡县没有不同。如今我听说秦国尊贵的大臣们商议，即将发兵去征伐韩国。赵国聚集士兵，豢养了一批鼓吹合纵抗秦的游士，准备联合各国军队，宣称不削弱秦国则诸侯必定灭亡，打算向西攻打秦国来实现自己的意图。这已不是一朝一夕的计划了。如今秦国要放下赵国这样的祸患，而要除掉像内臣一般的韩国，那么各国就会认为赵国的计谋不错了。

夫韩，小国也，而以应天下四击，主辱臣苦，上下相与同忧久矣。修守备，戒强敌，有蓄积，筑城池以守固。今伐韩，未可一年而灭，拔一城而退，则权轻于天下，天下摧我兵矣。韩叛，则魏应之，赵据齐以为原，如此，则以韩、魏资赵假齐以固其从，而以与争强，赵之福而秦之祸也。夫进而击赵不能取，退而攻韩弗能拔，则陷锐之卒勤于野战，负任之旅罢于内攻[1]，则合群苦弱以敌而共二万乘，非所以亡赵之心也。均如贵臣之计，则秦必为天下兵质矣[2]。陛下虽以金石相弊[3]，则兼天下之日未也。

【注释】

1 罢：通"疲"。

2 质：射箭的靶子，此处比喻攻击的目标。

3 以：与。

【译文】

韩国是一个小国，却要对付四面八方的攻击，因此，韩国的君主受辱而臣子劳苦，君臣上下同忧共患已经很久了。所以韩国修筑防御工事，对强大的敌人严加防备，积极储备物资，筑城墙，挖城河以便固守。现在如果征伐韩国，一年之内灭掉它是不可能的。如果攻下了一座城池便撤兵，那么秦国的力量就被天下各国看轻，天下各国就将打垮我们秦国的军队了。韩国一旦背叛了秦国，魏国就会响应，赵国依靠齐国并将其作为自己的后盾，如果这样，就是依靠韩、魏两国去救助赵国，赵国再凭借齐国来巩固他的合纵联盟，进而与秦国决一胜负，这是赵国的福气，秦国的祸害啊。如果秦国向前进攻赵国而不能取胜，退回来进攻韩国又不能攻克，那么冲锋陷阵的士兵疲于在野外交战，运输队伍疲于军内消耗，那就是集合困苦疲劳的军队来对付赵、齐两个大国，这不是用来消灭赵国的主意啊。如果完全按照权贵大臣的计策行事，那秦国必定成为天下各国的攻击目标。大王即使同金石一般的长寿，那兼并天下的日子也不会到来的。

今贱臣之愚计：使人使荆，重币用事之臣，明赵之所以欺秦者；与魏质以安其心，从韩而伐赵[1]，赵虽与齐为一，不足患也。二国事毕，则韩可以移书定也[2]。是我一举二国有亡形，则荆、魏又必自服矣。故曰："兵者，凶器也。不可不审用也。"以秦与赵敌衡，加以齐，今又背韩，而未有以坚荆、魏之心。夫一战而不胜，则祸构矣。计者，所以定事也，不可不察也。韩、秦强弱[3]，在今年耳。且赵与诸侯阴谋久矣。夫一动而弱于诸侯，危事也；为计而使诸侯有意伐之心，至殆也。见二疏[4]，非所以强于诸侯也。臣窃愿陛下之幸熟图之！攻伐而使从者间焉，不可悔也。

【注释】

1 从：使……跟从，引申为率领。

2 移：檄文。

3 韩：当作"赵"。

4 见：同"现"。

【译文】

　　现在我这个卑贱之臣的计策是：派人出使楚国，用重金贿赂楚国当权的大臣，宣扬赵国欺骗秦国的伎俩；派人去魏国做人质以使魏国安心，与韩国一同去攻打赵国。即使赵国与齐国联合，也是不值得担忧的。攻打赵、齐两国之事完成以后，发一封书信就把韩国平定了。这样，秦国一举就可以使赵、齐两国有了灭亡的形势，而楚、魏两国也就自然顺服了。所以《老子》说："武器是凶残的东西，是不可不慎用的。"秦国和赵国相比力量差不多，加上齐国为敌，现在又排斥韩国，而没有有效的措施来坚定楚、魏两国联合秦国的决心，这一仗如果打不胜，就会酿成大祸。计谋是用来决定事情的，是不可不慎重考虑的。究竟赵、秦谁强谁弱，不出今年就分明了。更何况赵国和其他各诸侯国暗地谋划已经很久了。秦国一次进攻未能得胜就向别的诸侯示弱，这是件很危险的事情啊；使用计谋而使诸侯产生算计秦国的念头，则是最大的危险。出现这两个漏洞，就不能说比其他诸侯强了。我希望大王周密考虑这种情形！攻伐韩国而使合纵的国家钻了空子，后悔可就来不及了。

　　诏以韩客之所上书[1]，书言韩子之未可举[2]，下臣斯。臣斯甚以为不然。秦之有韩，若人之有腹心之病也，虚处则悇然[3]，若居湿地，著而不去[4]，以极走，则发矣。

夫韩虽臣于秦，未尝不为秦病，今若有卒报之事，韩不可信也。秦与赵为难。荆苏使齐，未知何如。以臣观之，则齐、赵之交未必以荆苏绝也；若不绝，是悉秦而应二万乘也。夫韩不服秦之义而服于强也。今专于齐、赵，则韩必为腹心之病而发矣。韩与荆有谋，诸侯应之，则秦必复见崤塞之患 [5]。

【注释】

1 韩客：即韩非子。

2 韩子：韩国的君主，此处代指韩国。

3 恘（hài）：痛苦，愁苦。

4 著：同"着"，留，粘着。

5 崤塞之患：指魏国的信陵君率领五国的军队打败秦国将领蒙骜，追击至函谷关一事。

【译文】

大王下令把韩国客人韩非子的上书——上书中说韩国不可攻取——下达给臣子李斯，臣李斯认为韩非的说法是非常不对的。秦国的身边有韩国存在，就如同人患有心腹之病一样，平时无事的时候就已经很难受了，这就好比是住在潮湿地方，总觉得身上黏滞不舒服，要是突然快跑起来，这病就发作了。韩国虽然已经臣服于秦国，未必不是秦国的心病，一旦有突发事件，韩国是不可信的。秦国与赵国敌对，荆苏出使齐国，不知结果如何。在我看来，齐、赵两国的联盟不一定会因为荆苏的劝说而断绝；如不绝交，这就要倾动秦国全部的兵力来对付两个万乘大国。韩国并非顺服秦国的道义，而是屈服于秦国的强大，现在集中对付齐国、赵国，韩国就一定会成为心腹之病而发作起来。韩国与楚国如果合谋来攻打秦国，其他诸侯国就会纷纷响应，那么秦国必定要再次遭遇类似兵败崤塞的祸患了。

非之来也，未必不以其能存韩也为重于韩也。辩说属辞，饰非诈谋，以钓利于秦，而以韩利窥陛下。夫秦、韩之交亲，则非重矣，此自便之计也。

【译文】

韩非子的到来，未必不是想把韩国保存下来而求得韩国的重用。韩非子巧语连篇，用文辞来掩饰自己欺诈的计谋，借助这种方式来从秦国捞取好处，为了韩国的利益来窥探大王。秦、韩两国关系亲密，韩非子就重要起来了，这是便利他自己的计谋。

臣视非之言，文其淫说靡辩，才甚。臣恐陛下淫非之辩而听其盗心，因不详察事情。今以臣愚议：秦发兵而未名所伐，则韩之用事者以事秦为计矣。臣斯请往见韩王，使来入见，大王见，因内其身而勿遣[1]，稍召其社稷之臣，以与韩人为市，则韩可深割也。因令象武发东郡之卒[2]，窥兵于境上而未名所之，则齐人惧而从苏之计，是我兵未出而劲韩以威擒，强齐以义从矣。闻于诸侯也，赵氏破胆，荆人狐疑，必有忠计。荆人不动，魏不足患也，则诸侯可蚕食而尽，赵氏可得与敌矣。愿陛下幸察愚臣之计，无忽。

【注释】

1内：通"纳"，扣留。

2象：当作"蒙"。蒙武：秦国将领蒙恬的父亲。东郡：秦国郡名，在今河南北部。

【译文】

我仔细看了韩非子的上书，他文饰那些惑乱人心的说法，用华丽的辞藻来辩说，才华横溢。我担心陛下受韩非子辩说的迷惑而顺从他的野心，不详察事务的实情。现在依我愚蠢的想法建议大王：秦国发兵但不说明讨伐对象，那么韩国的执政者将会采取侍奉秦国的计策。请允许我前去拜见韩王，让他来晋见，大王接见时，便可趁机将他扣留下来，随后召见韩国大臣，用韩王和韩人做交易，韩国的大量领土就可以被我们割取了。接着命令蒙武征发东郡的部队，让他们在国境上窥测而不说明到什么地方去。齐人就会害怕而听从荆苏的主张，这样，秦国的部队还没有出境，强劲的韩国就会被我们的威势震慑住而就范，强大的齐国就会出于道义而服从了。其他各诸侯国听说后，赵人胆战心惊，楚人犹豫不决，他们必定会产生忠于秦国的想法。楚人按兵不动，魏国就不值得忧虑了，诸侯各国就可逐渐被秦国侵占，也就可以和赵国较量了。希望大王仔细考虑我的计谋，不可疏忽啊。

秦遂遣斯使韩也。

李斯往诏韩王，未得见，因上书曰："昔秦、韩戮力一意，以不相侵，天下莫敢犯，如此者数世矣。前时五诸侯尝相与共伐韩，秦发兵以救之。韩居中国[1]，地不能满千里，而所以得与诸侯班位于天下，君臣相保者，以世世相教事秦之力也。先时五诸侯共伐秦，韩反与诸侯先为雁行以向秦军于关下矣。诸侯兵困力极，无奈何，诸侯兵罢。杜仓相秦，起兵发将以报天下之怨而先攻荆。荆令尹患之[2]，曰：'夫韩以秦为不义，而与秦兄弟共苦天下。已又背秦，先为雁行以攻关。韩则居中国，展转不可知。'天下共割韩上地十城以谢秦[3]，解其兵。夫韩尝一背秦而国迫地侵，兵弱至今，所以然者，听奸臣之浮说，不权事实，故虽杀戮奸臣，不能使韩复强。"

【注释】

1 中国：当时指中原地区。

2 令尹：楚国的行政长官，相当于其他诸侯国的相。

3 上地：上党地区，在今山西东南部。

【译文】

于是秦国派李斯出使韩国。

李斯前往告谕韩王，没能见到，就上书说："过去秦、韩两国同心协力，因此互不侵扰，天下没有一个国家敢来进犯，像这样平安度过了很长的时间。前些年五个诸侯国曾联合来共同攻打韩国，秦国出兵前来解救。韩国位于中原地区，领土还不足一千里，它之所以能与其他诸侯国并列于天下，君臣上下得以保全，是因为代代相传侍奉秦国的结果。先前魏、赵、韩、宋、齐五国诸侯共同讨伐秦国，韩国反而如同雁阵的头雁一样充当先锋，在函谷关下和秦国的军队对阵。各诸侯士兵困乏，力量耗尽，只好无可奈何地选择退兵。此时正值杜仓担任秦国的相国，派兵遣将，来向诸侯报仇，并先攻打楚国。楚国令尹对此深感忧虑，说：'韩国认为秦国不义，却与秦国结成兄弟共同荼毒天下。后来又背叛了秦国，充当先锋去攻打函谷关。韩国地处中原，反复无常让人难以捉摸。'诸侯各国共同迫使韩国割取上党地区的十座城池去向秦国谢罪，解除了秦国军队的威胁。韩国一次背叛秦国便

使国家困窘土地被占，至今仍旧兵力衰弱，之所以会这样，
是因为听从奸臣的浮夸之言，不权衡事实，所以即使杀掉奸
臣，也不能使韩国重新强大。"

今赵欲聚兵士，卒以秦为事[1]，使人来借道，言欲伐秦，
其势必先韩而后秦。且臣闻之："唇亡则齿寒。"夫秦、
韩不得无同忧，其形可见。魏欲发兵以攻韩，秦使人将
使者于韩[2]。今秦王使臣斯来而不得见，恐左右袭曩奸臣
之计，使韩复有亡地之患。臣斯不得见，请归报，秦、
韩之交必绝矣。斯之来使，以奉秦王之欢心，愿效便计，
岂陛下所以逆贱臣者邪[3]？臣斯愿得一见，前进道愚计，
退就菹戮[4]，愿陛下有意焉。今杀臣于韩，则大王不足以
强；若不听臣之计，则祸必构矣。秦发兵不留行，而韩
之社稷忧矣。臣斯暴身于韩之市，则虽欲察贱臣愚忠之计，
不可得已[5]。边鄙残，国固守，鼓铎之声闻于耳，而乃用
臣斯之计，晚矣。且夫韩之兵于天下可知也，今又背强秦。
夫弃城而败军，则反掖之寇必袭城矣[6]。城尽则聚散，聚
散则无军矣。城固守，则秦必兴兵而围王一都，道不通，
则难必，谋，其势不救，左右计之者不用，愿陛下熟图之。
若臣斯之所言有不应事实者，愿大王幸使得毕辞于前，
乃就吏诛不晚也。秦王饮食不甘，游观不乐，意专在图赵，
使臣斯来言，愿得身见，因急与陛下有计也。今使臣不通，

则韩之信未可知也。夫秦必释赵之患而移兵于韩，愿陛下幸复察图之，而赐臣报决[7]。

【注释】

1 卒：通"猝"，猝然，突然。

2 将：送。

3 逆：迎。

4 菹（zū）：古代把人剁成肉酱的酷刑。

5 已：通"矣"。

6 掖：同"腋"，胳肢窝。反掖之寇：反叛于胳肢窝下的敌人，喻指君主近侧的敌人。

7 报：判罪。

【译文】

现在赵国想聚集士兵，突然向秦国发起进攻，派人来韩国借路，说是要去攻打秦国，但他们势必会先夺取韩国，然后才进攻秦国。况且我听说过这样的话："嘴唇没有了，门牙就会受寒。"秦、韩两国不能不共患难，这种情形显而易见。魏国想出兵来攻打韩国，秦国派人把魏国的使者送交韩国。现在秦王派遣我李斯来到韩国却不能见到陛下，我怕您身边的大臣又要沿袭过去奸臣的计策，使韩国再次发生丧失领土的祸患。臣李斯如果不能见到陛下，请让我回去汇报一下，那么秦、韩两国的邦交一定要断绝。我李斯出使到韩国来，是为了讨秦王的欢喜，也愿意向陛下献上有利于韩国的计谋，难道陛下就用这样的方式来接待我？臣李斯希望能见陛下一面，到您面前陈说一下我愚蠢的计谋，然后再退出来接受碎尸的刑罚，希望陛下把我的这个要求放在心上。现在把我杀死在韩国，那么国家也不能够因此而强大；如果不听我的计策，韩国的祸患一定不远了。秦国如果出兵向前挺进，那么韩国的政权就危险了。等到臣李斯暴尸在韩国的街头，那么即使想考虑我这贱臣愚拙忠诚的计谋也不可能了。等到边境残破，国都难守，战鼓、战铃的声音在耳边回响，再采用我李斯的计谋，那就晚了。而且韩国的兵力，天下也早已看透，现在又背叛了强大的秦国。韩国如果抛弃城邑，又让军队打了败仗，那么在内部造反的叛军一定会袭取城邑。大小城邑陷落了，那么民众就流散了，民众流散，就没有军队了。韩国如果坚守城邑，秦国一定会派遣军队来包围大王的一个大城，使它的道路不能通行，那么困难就是必然发生的了，即使出谋划策，形势也没法挽救，大王身边大臣们的计策根本没用，我希望陛下仔细考虑一下这种情况。如果我李斯说的话有不符合事实的，也希望大王能让我在您面前把话说完，然后再把我交给狱吏判罪处死也不迟啊。秦王吃东西不觉得香甜，游览不觉得快乐，一心在考虑攻取赵国。他派臣子李斯来进说，希望我能亲自见到您，因为他急着要和陛下商量计策啊。现在我这出使的大臣都不能和陛下对话，那么韩国对秦国的忠诚就不得而知了。这样秦国就一定会释免赵国的罪责而把兵力转移到韩国，希望陛下能再次仔细审察考虑一下这个问题，然后再给我判决。

【评点】

本篇是韩非子为了保存韩国而展开的论说，说韩国已成为秦国的附属，应该先攻击主张连横对抗秦国的赵国。和第一篇《初见秦》的奏论有点相悖，也给了李斯攻击韩非子的理由。

此篇是韩非上秦王书。秦王政十四年，即韩王安六年（公元前 233 年），秦国进攻韩国，大兵压境，形势危急，韩国派遣韩非出使秦国。韩非抵秦即上此书，旨在劝说秦王攻赵，以缓伐韩之师，故篇名题为"存韩"。《存韩》篇原文共有三部分，第一部分为韩非上秦王书，第二部分为李斯上秦王书，第三部分为李斯上韩王书。后两部分并非韩非手笔，当是后世编辑《韩非子》者所增益。

"存韩"，即"使韩国存在下来"，也就是不要出兵伐韩的意思。文章首言"韩事秦三十余年"，是秦国的捍卫者、承奉者，秦国放下它的大敌赵国而进攻韩国是失策之举；次言韩国也未可轻易被攻取，反倒会让秦国冲锋陷阵的精锐部队苦于野战难以自拔；最后以力劝秦国攻赵作结。文章从秦国的切身利益着想，认为秦国伐韩，非但不能取胜，反而会向天下诸侯示弱，从而暴露出秦国的不足，给它自身带来危险。

难言第三

臣非非难言也，所以难言者：言顺比滑泽，洋洋纚纚然[1]，则见以为华而不实[2]；敦祗恭厚[3]，鲠固慎完[4]，则见以为掘而不伦[5]；多言繁称，连类比物，则见以为虚而无用；总微说约，径省而不饰，则见以为刿而不辩，激急亲近，探知人情，则见以为谮而不让；闳大广博，妙远不测[6]，则见以为夸而无用，家计小谈，以具数言，则见以为陋；言而近世，辞不悖逆，则见以为贪生而谀上；言而远俗，诡躁人间[7]，则见以为诞；捷敏辩给，繁于文采，则见以为史；殊释文学[8]，以质信言，则见以为鄙；时称《诗》《书》，道法往古，则见以为诵。此臣非之所以难言而重患也。

【注释】

1 缡缡（xǐ xǐ）：洋洋洒洒，有条不紊的样子。

2 见：被。

3 敦：老实，诚恳。祗：恭敬。厚：这里用作形容词，是淳厚、厚道的意思。

4 鲠：刚直，正直。固：坚定。完：完备，周到。

5 掘：通"拙"，愚笨，粗劣。

6 眇：通"眇"，远。

7 诡：反常。躁：通"噪"，轰动。

8 殊释文学：是指进说的时候不引用《诗经》《尚书》等文献典籍。古代的辞令以引用《诗经》《尚书》中的文句来申述自己的意思看成是一种高雅的行为，所以不引用《诗经》《尚书》就被认为是粗野的行为了。

【译文】

臣韩非并不是不能说，之所以很难以进谏是因为：言语顺畅圆滑润泽，言辞洋洋洒洒相互连缀，就会被认为华而不实；丰厚恭敬厚道，刚直坚定谨慎完备，就会被认为是笨拙而不伦不类；长篇大论旁征博引，联系类同而相比较，就会被认为是没有用；概括精要而又论说简要，直截了当不加修饰，就会被认为是锋芒毕露而不善言辩；激烈畅快涉及君王左右，触及到别人的隐私，就会被认为是无中生有而不谦让；

言语宏大广博，漫无边际，就会被认为是浮夸而不切实用；家常小事，具体详细，就会被认为是浅陋；言谈接近世俗，言辞不背逆世俗，就会被认为是贪生怕死而阿谀奉承上级；言谈远离世俗，奇异独特而轰动世间，就会被认为是荒诞不经；言辞敏捷巧妙，极富华丽辞藻，就会被认为是史书；断然抛弃文献典籍，朴素而直白，会被认为成粗野；不断地引证《诗经》《尚书》，称颂效法古代，就会被认为是在诵读古典。这就是臣韩非之所以很难言说而深感忧患的原因。

　　故度量虽正，未必听也；义理虽全，未必用也。大王若以此不信，则小者以为毁訾诽谤，大者患祸灾害死亡及其身。故子胥善谋而吴戮之[1]，仲尼善说而匡围之[2]，管夷吾实贤而鲁囚之[3]。故此三大夫岂不贤哉？而三君不明也。上古有汤[4]，至圣也[5]；伊尹[6]，至智也。夫至智说至圣，然且七十说而不受，身执鼎俎为庖宰，昵近习亲，而汤乃仅知其贤而用之。故曰：以至智说至圣，未必至而见受，伊尹说汤是也；以智说愚必不听，文王说纣是也[7]。故文王说纣而纣囚之；翼侯炙[8]；鬼侯腊[9]；比干剖心[10]；梅伯醢[11]；夷吾束缚；而曹羁奔陈[12]；伯里子道乞[13]；傅说转鬻[14]；孙子膑脚于魏[15]；吴起收泣于岸门[16]，痛西河之为秦[17]，卒枝解于楚[18]；公叔痤言国器反为悖[19]，公孙鞅奔秦[20]；关龙逢斩[21]；

苌弘分胣[22]；尹子阱于棘[23]；司马子期死而浮于江[24]；田明辜射[25]；宓子贱、西门豹不斗而死人手[26]；董安于死而陈于市[27]；宰予不免于田常[28]；范雎折胁于魏[29]。此十数人者，皆世之仁贤忠良有道术之士也，不幸而遇悖乱暗惑之主而死。然则虽贤圣不能逃死亡避戮辱者，何也？则愚者难说也，故君子难言也。且至言忤于耳而倒于心[30]，非贤圣莫能听，愿大王熟察之也。

【注释】

1 子胥：人名，即伍子胥，名员，字子胥。春秋时期楚国大夫伍奢次子。

2 仲尼：即孔子，名丘，字仲尼。春秋末鲁国人。中国古代思想家、教育家、儒家学派创始人。

3 管夷吾：即管仲，一称管敬仲。名夷吾，字仲。齐颍上（颍水之滨）人。春秋时齐国著名的政治家、思想家。

4 汤：商王朝的建立者，原为商族部落领袖。主癸之子。

5 圣：这里用为神圣的，又有聪明而才智胜人之意。

6 伊尹：尹是官名。商汤的开国大臣。

7 文王：商末西方诸侯之长。姬姓，名昌。古公亶父之孙，季历之子。其子武王伐商后，始追称他为文王。纣：殷商王朝的最后一个国君，名帝辛。

8 翼侯：人名，殷商时期诸侯国君主。炙：这里用为烧烤之意。

9 鬼侯：人名，《史记》作九侯，殷商时期诸侯国君主。
腊：干肉。

10 比干：商代贵族，纣王叔父，官少师。相传因屡谏纣王，
被剖心而死。

11 梅伯：人名，殷商时期诸侯国君主。醢（hǎi）：这里
用为肉酱之意。

12 曹羁：人名，春秋时期曹国大夫。

13 伯里子：人名，即百里奚。虞国大夫，虞灭后被转卖
到楚国，秦穆公听说他有贤才，遂以五张羊皮的代价将他赎出，
任命他为秦国大夫。在他的辅佐下，秦穆公成就了春秋霸业。

14 傅说：人名，其原在傅岩地方作建筑工人，为人筑墙，
殷王武丁访寻他，用为宰相。鬻：这里用为卖、出售之意。

15 孙子：人名，即孙膑。春秋战国时期著名军事家。膑：
这里特指古代一种剔掉膝盖骨的酷刑。

16 吴起：为战国时卫国左氏（今山东定陶西）人，曾师
事左丘明的弟子曾申。他初为鲁将，后为魏将，战国时代著
名的政治家和军事家。

17 西河：地名，战国时魏国郡名。位于今陕西东部黄河
西岸地区。

18 枝：通"肢"。

19 公叔痤：人名，战国时期魏国宰相。

20 公孙鞅：人名，约公元前 390 —前 338 战国时期政治家、思想家，法家代表人物。卫国人。原姓公孙，名鞅，亦称卫鞅。因功受封商（今陕西商县东南）十五邑，故称商君或商鞅。

21 关龙逢：夏桀王的臣子，因谏诤夏桀王而被杀。

22 苌弘：人名，春秋时期周灵王大臣。胉：这里用为剖腹挖肠之意。

23 尹子：人名，春秋时期人。

24 司马子期：司马：掌管军政的官员；子期：人名，楚国大夫子西之弟，为大司马，白公作乱，杀子西、子期于朝，事见《左传·哀公十六年》。

25 田明：人名，即齐明，一曰田光。辜：这里用为肢解、分裂肢体的酷刑之意。

26 宓子贱：孔子的学生。姓宓，名不齐，字子贱。春秋末鲁国人。少孔子三十岁。以德行著称。西门豹：人名，春秋战国时期魏国人。

27 董安于：人名，春秋时期晋国人，晋卿赵鞅的家臣。晋国内乱，董安于力劝赵鞅要及早防备晋卿范氏、中行氏的进攻，未能被赵鞅采纳。晋卿智伯发现安于的才干，怕他发挥作用，对己不利，于是威逼赵鞅迫使安于自杀。董安于死后，尸体被陈放在市中示众。

28 宰予：孔子的学生，姬姓，宰氏，名予，字子我。春秋末鲁国人。小孔子二十九岁。能言善辩，以"言语"著称。

田常：人名，春秋时期齐国大臣。

29 范雎：人名，战国时期魏国人，字叔。早年在魏国时，曾受人陷害而被打断肋骨，后逃到秦国，改名叫张禄，做了秦昭襄王之相。后受封于应（位于今河南鲁山东北），号应侯。

30 忤：背逆之意。

【译文】

所以原则虽然很正确，君主却不一定会听从；道理虽然很完备，君主却不一定会采用。大王如果认为这些话不真实而不信，那么轻的就会把进说者的进说当成是诋毁诽谤，重的就会使祸患、灾害、死亡降临到进说者的头上。所以伍子胥善于为吴王出谋划策而吴王逼他自杀了，孔子善于说教而被匡人围攻了，管夷吾很贤能但被鲁国囚禁了。难道这三个大夫不贤能吗？是吴国、宋国、鲁国三国的君主不明智呀。在远古时代，商汤王是最圣明的君王，伊尹是最聪明的臣子。那最聪明的臣子去向最聪明的君主进说，但还是游说了很多次而没有被接受，直到伊尹亲自拿着锅子砧板去做商汤王的厨师，与商汤王亲近熟悉了，才知道伊尹贤能而任用了他。所以说：以最聪明的臣子去劝说最圣明的君主，未必一到场就被接受，伊尹劝说商汤就是这样；以聪明的臣子来劝说愚昧的君主就一定不会被听从，周文王劝说商纣王就是这样。

所以，周文王劝说商纣王就被商纣王囚禁了；翼侯劝说商纣王而被烧死；鬼侯劝说商纣王而被杀死做成了干肉；比干劝说商纣王而被挖心而死；梅伯劝说商纣王而被剁成了肉酱；管仲在鲁国被捆绑；曹羁劝说曹伯，不被听从而逃到了陈国；百里奚在路上讨饭；傅说做奴隶时被转卖；孙膑在魏国因庞涓的谗言而遭受膑刑；吴起当西河守被魏武侯召回时在岸门抹泪，痛惜西河郡将成为秦国的土地，最后在楚国因为变法得罪了旧贵族而被五马分尸；公叔痤病重时向魏惠王推荐栋梁之才公孙鞅却被认为是神志错乱，公孙鞅只好投奔秦国；关龙逢向夏桀进谏而被杀；苌弘被剖腹挖肠；尹子被抛在荆棘中致死；司马子期死了以后尸体漂在长江上；田明被分尸；宓子贱、西门豹不与人争斗却死在别人手上；董安于死了后还被陈尸街上示众；宰予被田常诛杀了；范雎在魏国时被打断了肋骨。这十几个人，都是世间仁爱、贤惠、忠良、优秀而有本事的人，不幸碰上昏乱愚昧的君主而遭到杀害。那么，即使贤良圣明的人也不能逃脱死亡，避免遭受凌辱，这是为什么呢？就是因为愚昧的君主难以劝说呀，所以贤能的君子才认为说话很难。而且，最实惠的话如果逆耳而不顺心，只有贤君圣人能够听得进去，希望大王仔细考虑一下我的这些话吧。

【评点】

本文开头和首段末有两处"臣非"字样，结尾有"愿大王熟察之也"的句子，由此看来本文应该又是一篇作者上奏给君王的表章。难言，就是难以进言，主要诉说了臣下向君主进言的困难。韩非首先分析了难以进言的原因，接着他又列举了历史上许多贤能之士死于昏君之手的事实，说明臣子们在进谏的言路上往往会遇到动辄得咎左右为难的窘迫境况，关于"度量虽正，未必听也；义理虽全，未必用也"的例子比比皆是。希望这些能引起君王的注意，然后能够真正地听取逆耳忠言。

爱臣第四

爱臣太亲，必危其身；人臣太贵，必易主位；主妾无等[1]，必危嫡子；兄弟不服，必危社稷。臣闻：千乘之君无备[2]，必有百乘之臣在其侧，以徙其民而倾其国；万乘之君无备，必有千乘之家在其侧，以徙其威而倾其国。是以奸臣蕃息，主道衰亡。是故诸侯之博大，天子之害也；群臣之太富，君主之败也。将相之管主而隆国家，此君人者所外也。万物莫如身之至贵也，位之至尊也，主威之重，主势之隆也。此四美者，不求诸外，不请于人，议之而得之矣。故曰：人主不能用其富，则终于外也。此君人者之所识也。

【注释】

1 主妾：王后。

2 乘：古时一车四马为一乘。

【译文】

宠臣过于亲近，必定危及君身；臣子地位太高，必定取代君位；妻妾不分等级，必定危及嫡子；君主兄弟不服，必定危害国家。我听说千乘小国的国君没有防备，必定有拥有百乘兵车的臣子窥视在侧，准备夺取他的百姓，颠覆他的国家；万乘大国的国君没有防备，必定有千乘之国的大夫窥视在侧，准备夺取他的权势，颠覆他的国家。因此奸臣势力扩张，君主权势就会消亡。因此诸侯强大是天子的祸害；群臣太富是君主的失败。将相控制君主使私家兴盛，这是君主应排斥的。万事万物中，没有比君身更高贵、比君位更尊崇、比君威更强大、比君权更隆盛的。这四种美好的东西，不借助于外界，不求助于别人，处理恰当就都能得到。所以说：君主不能驾驭他拥有的，最终将会被排斥在外。这是君王要牢记的。

昔者纣之亡，周之卑，皆从诸侯之博大也[1]；晋之分也[2]，齐之夺也[3]，皆以群臣之太富也。夫燕、宋之所以弑其君者，皆此类也。故上比之殷周，中比之燕、宋，莫不从此术也。是故明君之蓄其臣也[4]，尽之以法，质之以备。故不赦死，不宥刑；赦死宥刑，是谓威淫。社稷将危，国家偏威。是故大臣之禄虽大，不得藉威城市；党与虽众，不得臣士卒。故人臣处国无私朝，居军无私交，其府库不得私贷于家。此明君之所以禁其邪。是故不得四从 [5]，不载奇兵，非传非遽 [6]，载奇兵革，罪死不赦。此明君之所以备不虞者也 [7]。

【注释】

1 从：由。

2 晋之分：指公元前 403 年晋国的卿韩氏、赵氏、魏氏三家分了晋国，建立了三个封建国家一事。

3 齐之夺：指公元前 481 年齐国当权的大臣田成子发动政变，杀死齐简公，控制政权一事。

4 蓄：蓄养。

5 四：通"驷"，由四匹马拉的车子。

6 传：驿站或驿站车马的泛称。遽：送信的快车或快马。

7 虞：意料。

【译文】

过去商纣的灭亡，周朝的衰微，都因诸侯的强大；晋国被晋卿韩氏、赵氏、魏氏三家瓜分，齐国被当权的大臣田成子篡夺，都因群臣太富有。燕、宋两国的君主被劫杀，都是因为这个缘故。所以在上对照商、周两国，中间对照燕、宋两国，没有一个臣子不是依靠这种手段来篡夺君主权位的。因此高明的君主蓄养臣下，用法律来规范他们的一切，用各种措施来防备他们，所以不赦免死囚，不宽宥罪犯。赦免死囚，宽宥罪犯，叫作散失威势。这种情况下，国家的政权将遭到危害，国家的辅佐大臣从旁取得威势。因此大臣的俸禄即使非常丰厚，也不能凭借威势在城中炫耀；党羽即使很多，也不能拥有私人武装。所以臣子在国内不准有私人朝会，在军中不准有私人外交，个人的财物不能私自借给私家。这是明智的君主用来禁止大臣犯上作恶的办法。因此大臣出外不得有四匹马拉的车子相随，不得在车上携带任何兵器；如果不是传递紧急文件，车上带有一件兵器的，就判处死刑而绝不赦免。这是明智的君主用来防备意外的办法。

【评点】

本篇主张君主不能过度宠爱臣下，过度宠爱会对国家造成危害，必须限制他们的权势，是一篇论述治臣要领的短文。

文章开宗明义，提出论点，即"爱臣太亲，必危其身；人臣太贵，必易主位；主妾无等，必危嫡子；兄弟不服，必危社稷"。接着指出，人君对身边的臣子不能不有所防备，这样才能保持自己的身贵、位尊、威重、势隆。文章又以史为鉴。例举了晋被三分、齐被篡夺以及燕、宋之君王被弑，也是朝臣势力膨胀的结果。最后，文章认为，君王要想防止臣下篡权，则必须"尽之以法，质之以备"，采取严酷无情的手段对付臣下的不轨行为。这些主张对维护高度的中央集权具有理论与实践意义。

主道第五

道者，万物之始，是非之纪也。是以明君守始以知万物之源，治纪以知善败之端。故虚静以待令[1]，令名自命也，令事自定也[2]。虚则知实之情，静则知动者正。有言者自为名，有事者自为形；形名参同，君乃无事焉[3]。归之其情[4]。故曰：君无见其所欲，君见其所欲，臣自将雕琢[5]；君无见其意，君见其意，臣将自表异。故曰：去好去恶。臣乃见素；去旧去智，臣乃自备。故有智而不以虑，使万物知其处；有行而不以贤，观臣下之所因；有勇而不以怒，使群臣尽其武。是故去智而有明，去贤而有功，去勇而有强。群臣守职，百官有常；因能而使之，是谓习常[6]。故曰：寂乎其无位而处，漻乎莫得其所。明君无为于上。群臣竦惧乎下。明君之道，使智者尽其虑，而君因以断事，故君不穷于智；贤者勑其材[7]，君因而任之，故君不穷于能；有功则君有其贤，有过则臣任其罪，故君不穷于名。是故不贤而为贤者师，不智而为智者正。臣有其劳，君有其成功。此之谓贤主之经也。

【注释】

1 虚：空虚。静：安静。令：衍文。

2 这两句的言外之意是：君主不要说话，让欲说的人来说话；君主不要去确定事情应该怎么做，而是让做事的人自己去确定应该怎么做。

3 焉：兼词，于之，在这里，也就是指在具体的说话和做事方面。

4 归：回归。这里是使动用法，使……回归。之：它们，是指臣下说的话和做的事。

5 雕琢：雕刻加工。这里引申为言语行为上的修饰。

6 习：通"袭"，沿袭，因循。

7 勑：同"敕"，通"饬"，整顿，整治。材：通"才"。

【译文】

道，是万物的本原，是判定是非的准则。因此英明的君主把握本原了解万物的起源，研究这个准则以明白事情成败的缘由。所以君主要以虚无安静的态度来应对万物，让事物以它反映的内容来确定名称，让事情以它自身的规律去发展。内心清虚的人，就可以知道事物的真实情况；行为清静的人，就可以了解别人的行为是否正确。进言的人自会形成主张，君主不必事先规定言路；办事的人自会做出成果，君主不必事先规定他怎么做。效果和主张验证相合，君主也就不用多事，而使事物呈现出各自的真相。所以说，君主不要显露自己的欲望，如果君主显露出自己的欲望，臣下就会粉饰自己的言行去迎合君主的欲望；君主不要显露出意图，如果君主显露自己的意图，臣下就会伪装自己来迎合君主的意图。所以说，君主不流露出自己的爱好，不显现出自己的厌恶，臣下就会表现出实情；君主不动用自己的心机，不动用自己的智慧，臣下就会自我完备。所以君主虽然有智慧也不思考具体事物，而是一切按法办事，使万物处在它们适当的位置上；君主虽然有才能而不表现在行为上，以便察看臣下依据的是什么；君主虽然有勇气而不表现在威怒上，使臣下充分发挥他们的勇武。因此君主不使用自己的智慧却表现得非常明智，不使用自己的贤能却能够建功立业，不使用自己的勇力却可以变得十分强大。群臣恪守职责，百官都有常法，君主根据才能使用他们，这叫作掌握了治国的原则。因此有这种说法：多么的寂静啊！君主好像没有处在君位上；多么的荒谬啊！臣下都不知道君主在哪里。明智的君主在上面无为而治，群臣在下面诚惶诚恐。明智的君主治国的原则是使有智慧的臣下竭尽全力地为国出谋划策，君主据此决断事情，所以君主的智力不会穷尽；让有才能的臣下勤奋地献出自己的才能，君主据此任用他们，所以君主的能力不会穷尽；治国获得成功而君主也就获得贤能的名声，治国有了过失大臣就会承担罪责，而君主的名声不会受损。因此不表现自己贤能反而可以成为贤臣的老师，不使用自己的智慧反而可以成为有智慧之臣下的主人。臣下承担劳苦，君主享受成功，这就是明智的君主治国的原则。

道在不可见，用在不可知；虚静无事，以暗见疵[1]。见而不见，闻而不闻，知而不知。知其言以往，勿变勿更，以参合阅焉。官有一人，勿令通言，则万物皆尽。函掩其迹[2]，匿有端，下不能原；去其智，绝其能，下不能意。保吾所以往而稽同之，谨执其柄而固握之。绝其望，破其意，毋使人欲之。不谨其闭，不固其门，虎乃将存。不慎其事，不掩其情，贼乃将生。弑其主，代其所，人莫不与，故谓之虎。处其主之侧为奸臣，闻其主之忒，故谓之贼。散其党，收其余，闭其门，夺其辅，国乃无虎。大不可量，深不可测，同合刑名[3]，审验法式，擅为者诛，国乃无贼。是故人主有五壅：臣闭其主曰壅，臣制财利曰壅，臣擅行令曰壅，臣得行义曰壅，臣得树人曰壅。臣闭其主，则主失位；臣制财利，则主失德；臣擅行令，则主失制；臣得行义，则主失明；臣得树人，则主失党。此人主之所以独擅也，非人臣之所以得操也。

【注释】

1 疵：过失。

2 函掩：包含，涵盖。

3 刑：通"形"，行为的表现。

【译文】

做君主的原则在于不能让臣下看出自己的意向，这个原则的运用在于不能让臣下了解自己的想法；君主虚静无为，在暗中观察臣下的过失。看见了就好像没看见，听到了就好像没听到，知道了就好像不知道。君主知晓了臣下的主张之后，不要变更它，用验证的办法来考察他的言行是否一致。每个官职都只配置一个人，不要让他们相互通气，那么万事万物的真相都会显露出来。君主严密地包藏起自己的行迹，隐藏自己的念头，臣下就无法探测；君主排除自己的智慧，抛却自己的才能，臣下就无法揣度。保守自我意图而验证臣下是否与自己相同，谨慎地抓住权柄而牢固地掌握它。杜绝臣下的窥探，破除臣下的揣测，不要让人贪求君位。不能谨慎地插好门栓，不牢固地守好门户，那么阴谋篡权的臣下就会如同老虎一般闯进来。不慎重处理政事，不掩盖隐藏自己的真情，贼子的企图就将产生。杀死自己的君主，篡夺君位，人们没有不归附的，所以称这样的臣子为老虎。在君主身边做奸臣，知晓君主的过失，称这样的臣子为贼子。君主应解散他的朋党，收拾他的余孽，封闭他的门户，铲除他的帮凶，国家就没有老虎了。君主的意图决策显得广大无边，深不可测，对臣下的言行加以审核，要求达到完全一致，擅自胡作非为的要给予严惩，国家就没有贼子了。因此君主有五种受蒙蔽的情况：臣下使君主的耳目闭塞是一种蒙蔽，臣下控制君主的财利是一种蒙蔽，臣下擅自发号施令是一种蒙蔽，臣下私自给人好处是一种蒙蔽，臣下得以扶植党羽是一种蒙蔽。臣下使君主的耳目闭塞，君主就失去君位；臣下控制君主的财利，君主就失去恩德；臣下擅自发号施令，君主就失去控制权；臣下私自给人好处，君主就失去英明；臣下得以扶植党羽，君主就失去支持者。这些方面本来是君主应当独自掌握的，不是臣下所能操纵的。

人主之道，静退以为宝。不自操事而知拙与巧，不自计虑而知福与咎[1]。是以不言而善应，不约而善增[2]。言已应，则执其契[3]；事已增，则操其符[4]。符契之所合，赏罚之所生也。故群臣陈其言，君以其言授其事，事以责其功。功当其事，事当其言，则赏；功不当其事，事不当其言，则诛。明君之道，臣不得陈言而不当。是故明君之行赏也，暖乎如时雨[5]，百姓利其泽；其行罚也，畏乎如雷霆，神圣不能解也。故明君无偷赏，无赦罚。赏偷，则功臣墯其业[6]；赦罚，则奸臣易为非。是故诚有功，则虽疏贱必赏；诚有过，则虽近爱必诛。疏贱必赏，近爱必诛，则疏贱者不怠，而近爱者不骄也。

【注释】

1 咎：失误，祸患。

2 约：约束。

3 契：券，是古代的一种凭证。

4 符：信符，古代国君命官封爵或调兵遣将所用的凭证。

5 暖：浓云遮盖的样子。

6 墯：通"惰"，懈怠。业：职业。

【译文】

君主的统治原则，以安静退让为贵。君主不亲自操劳事务而能知道臣下的事情办得笨拙还是办得巧妙，不亲自谋划而能知道臣下的计谋会得福还是会得祸。因此君主虽然不说话，但臣下却能提出很好的意见来报答君主；君主虽然对臣下做的事情不做硬性规定，但臣下却能用很好的办法来增加做事的效率。臣下的言论已经汇报上来了，君主就把它当作券契握在手中；臣下做的事已经有了成果，君主就把它当作信符拿在手里。券契和信符对合验证的结果，就是赏罚产生的依据。所以群臣陈述自己的意见，君主根据他们的意见分别给他们事做，然后根据他们的职事来责求他们的成绩。如果取得的成绩和他的职事相当，完成职事的情况和他的话相符合，就给予奖赏；如果取得的成绩和他的职事不相当，完成职事的情况和他的话不相符合，就加以惩处。英明君主的统治原则，是臣下不可以陈述了意见而做不到。所以，英明的君主施行奖赏，充沛得就像那及时雨，百姓都感激他的恩惠；英明的君主执行刑罚，威严得就像那雷霆，就是神仙圣人也不能解除它。所以英明的君主不会随随便便奖赏，不会赦免应有的刑罚。奖赏如果苟且随便，那么就是有功之臣也懒得去干自己的事业；刑罚如果可以赦免，那么奸臣就会轻易地为非作歹。如果确实有功劳，那么即使是疏远卑贱的人也一定给予奖赏；确实有过错，那么即使是君主亲近喜爱的人也一定加以惩处。君主对疏远卑贱的人也一定给予奖赏，对亲近喜爱的人也一定加以惩处，这样疏远卑贱的人做事也不会懈怠，而君主亲近喜爱的人也不会骄横放纵了。

【评点】

主道，就是君主的道术。这是一篇论述君主统治臣民的基本原则的政治哲学论文。韩非把老子哲学思想中最为核心的"道""虚静"等加以引申，发展成为法家的政治思想原则，作为君王驾驭臣下的权术。老子所说的"道"是一种先于物质而存在的精神实体，它是产生天地万物的总根源。韩非从这一点加以阐发，认为"道"是判定万物是非的准则，这一准则在政治生活中的反映，就是顺应自然之道而立的反映社会现实要求的常规法纪，这是韩非法治主张的哲学基础。

有度第六

国无常强，无常弱。奉法者强，则国强；奉法者弱，则国弱。荆庄王并国二十六，开地三千里；庄王之氓社稷也，而荆以亡。齐桓公并国三十，启地三千里；桓公之氓社稷也，而齐以亡。燕襄王以河为境，以蓟为国[1]，袭涿、方城[2]，残齐，平中山，有燕者重，无燕者轻；襄王之氓社稷也，而燕以亡。魏安釐王攻赵救燕[3]，取地河东；攻尽陶、魏之地[4]；加兵于齐，私平陆之都[5]；攻韩拔管[6]，胜于淇下；睢阳之事[7]，荆军老而走；蔡、召陵之事[8]，荆军破；兵四布于天下，威行于冠带之国；安釐死而魏以亡。故有荆庄、齐桓公，则荆、齐可以霸；有燕襄、魏安釐，则燕、魏可以强。今皆亡国者，其群臣官吏皆务所以乱而不务所以治也。其国乱弱矣，又皆释国法而私其外，则是负薪而救火也，乱弱甚矣！

【注释】

1 蓟：燕国的都城，位于今北京西南。

2 袭：重叠。涿：燕国地名，位于今河北涿州。方城：燕国地名，位于今河北固安西南。

3 魏安釐王：名圉，战国时魏国君主。

4 陶：定陶，位于今山东定陶北。魏：指卫国。

5 平陆：战国时齐国五都之一，位于今山东汶上西北。

6 管：韩国地名，位于今河南郑州东北。

7 睢阳：宋国地名，位于今河南商丘南。

8 蔡：指上蔡，楚国地名，位于今河南上蔡西南。召陵：楚国地名，位于今河南郾城东。

【译文】

国家没有永久不变的强盛，也没有永久不变的衰弱。奉行法度的君主强劲有力，坚决实行法治，那么国家就强盛；奉行法度的君主软弱无力，实行法治不坚决，那么国家就衰弱。楚庄王吞并了二十六个国家，开拓了几千里疆土；但当楚庄王身亡以后，楚国便因此而衰微了。齐桓公吞并了三十个国家，扩展了几千里领土；但当齐桓公死了以后，齐国便因此而衰微了。燕昭襄王把黄河作为自己的国界，把蓟作为自己的国都，又把涿和方城作为国都的外围屏障，攻破了齐国，平定了中山国，当时得到燕国支持的国家就被人重视，没有得到燕国支持的国家就被人看不起；但当燕昭襄王死了以后，燕国便因此而衰微了。魏安釐王攻打燕国，援救赵国，在黄河以东夺取了土地；全部攻占了定陶、卫国的领土；又对齐国用兵。把平陆这大城市占为已有；又攻打韩国夺取管地，在淇水边大获全胜；在睢阳发生的魏、楚战事中，楚军被拖垮而逃跑了；在上蔡和召陵的战役中，楚军被魏国摧毁了；那个时候，魏国的军队遍布天下，在那衣冠楚楚的礼仪之邦耀武扬威；但安釐王一死，魏国便因此而衰微了。所以，有了楚庄王、齐桓公，那么楚国、齐国就可以称霸；有了燕昭襄王、魏安釐王，那么燕国、魏国就可以强盛。现在这些国家都衰微了，就是因为这些国家的群臣百官都一心去干那些使国家混乱的勾当而不去做使国家安定太平的事务。这些国家已经混乱衰弱了，他们却又都丢掉了国法，在国法的规定之外营私舞弊，这实是在背着柴草去救火，国家的混乱衰弱就更加厉害了！

故当今之时，能去私曲就公法者，民安而国治；能去私行行公法者，则兵强而敌弱。故审得失有法度之制者加以群臣之上，则主不可欺以诈伪；审得失有权衡之称者[1]以听远事，则主不可欺以天下之轻重。今若以誉进能，则臣离上而下比周[2]；若以党举官，则民务交而不求用于法。故官之失能者其国乱。以誉为赏、以毁为罚也，则好赏恶罚之人，释公行[3]，行私术，比周以相为[4]也。忘主外交，以进其与，则其下所以为上者薄矣。交众、与多，外内朋党，虽有大过，其蔽多矣。故忠臣危死于非罪，奸邪之臣安利于无功。忠臣之所以危死而不以其罪，则良臣伏矣；奸邪之臣安利不以功，则奸臣进矣。此亡之本也。若是，则群臣废法而行私重、轻公法矣。数至能人之门，不一至主之廷；百虑私家之便[5]，不一图主之国。属数虽多，非所尊君也；百官虽具，非所以任国也。然则主有人主之名，而实托于群臣之家也。故臣曰：亡国之廷无人焉。廷无人者，非朝廷之衰也；家务相益[6]，不务厚国[7]；大臣务相尊，而不务尊君；小臣奉禄养交，不以官为事。此其所以然者，由主之不上断于法，而信下为之也。故明主使法择人，不自举也；使法量功，不自度也。能者不可弊[8]，败者不可饰，誉者不能进，非者弗能退[9]，则君臣之间明辩而易治，故主雠法则可也[10]。

【注释】

1 权：秤锤。衡：秤杆。权衡：引申为法度。称：同"秤"，与"权衡"意义相同，比喻法度。

2 比周：勾结。

3 行：道，指法度。公行：国家的法度。

4 相为：我为你、你为我，即互相帮助照顾，这里指相互之间包庇利用。

5 私家：是指大夫以下臣下的家庭。君主的家庭则叫"公室"。便：利益，好处。

6 益：富，使动用法。相益：相互使对方富裕。

7 厚：富，使动用法，使……富裕。

8 弊：通"蔽"，遮盖。

9 非：通"诽"，毁谤，诽谤。

10 雠：用。

【译文】

所以在现在这个时代，能够除去臣下牟取私利的歪门邪道而追求实施国法的国家，民众就安定，国家就太平；能够除去臣下牟取私利的行为而实行国法的国家，兵力就强大，而敌人相对变得弱小了。所以，审察是非得失时掌握了法度的规定的君主凌驾在群臣之上，那么君主就不可能被臣下用狡诈虚伪的手段来欺骗；审察是非得失时拥有了由秤锤秤杆组成的秤，君主听取外事时就不可能被臣下用天下的轻重来欺骗了。现在如果根据声誉来提拔人才，那么臣下就会背离君主而在下面紧密勾结互相吹捧；如果根据朋党关系来推举官吏，那么臣民就会致力于勾结拉拢而不再在法律的规定内凭功劳求得任用。所以任命官吏不以才能作为标准而只根据声誉和朋党关系的，国家就会混乱。如果以赞颂的好话作为奖赏的依据，以诋毁的坏话作为惩罚的依据，那么喜欢奖赏、厌恶惩罚的人，就会抛弃国家的法度，玩弄阴谋手段，抱成一团来互相帮助吹捧。他们不顾君主的利益而在朝廷外面私下结交，进用他们的党羽，那么下层官吏替君主着想和尽力的地方也就少了。这些人结交广泛、党羽众多，在朝廷内外结成私党，即使犯了大罪，为他们掩盖罪责的人也多得很。所以忠臣在无罪的情况下也免不了危难与死亡，而奸臣在无功的情况下却得到平安与利益。忠臣遭受危难死亡的原因并不是因为他们有罪，那么贤良的臣子就会潜伏退隐了；行奸作恶的臣子平安得利并不是因为有功，那么奸臣就有隙可乘了。这是国家衰亡的根本原因啊。像这样治国，群臣就会废弃法治而玩弄自己的权势、轻视国法。他们屡次奔走于红人的门下，一次也不到君主的朝廷上；百般考虑私家的利益，一点也不为君主的国家着想。这样的下属数量即使很多，也不是能使君主尊贵的人；各种官职虽然都具备了，也不是能用来担当国家大事的人。那么君主虽然有了君主的名义，而实际上却依附于群臣私门。所以我说：丧失了国家政权的朝廷上没有臣子。所谓朝廷上没有臣子，并不是说朝廷衰落，臣子缺乏；而是指臣下致力于相互帮忙来发家致富，却不努力使国家富裕；大臣致力于互相推崇，而不努力使君主尊贵；小臣拿了俸禄去供养私下结交的党徒，而不把公职当回事。

这样的状况之所以会形成，是由于君主不在上面按法裁决事情，而任凭臣下去处理它们。所以英明的君主用法制来选择人才，不凭自己的感觉来提拔；用法制来衡量功劳，不凭自己的主观意识来估量。这样，有才能的人就不会被埋没，败坏事情的人就不能文过饰非，徒有虚名的人就不能够当官晋升，有功劳而被毁谤的人就不会被降职或罢官。可见，一切依法办事，那么君臣双方都能够明确地辨别功过是非，国家也就容易治理了，所以君主依法治国就可以了。

　　贤者之为人臣，北面委质[1]，无有二心；朝廷不敢辞贱，军旅不敢辞难；顺上之为，从主之法，虚心以待令而无是非也[2]。故有口不以私言，有目不以私视，而上尽制之。为人臣者，譬之若手，上以修头，下以修足；清暖寒热，不得不救；镆铘傅体[3]，不敢弗搏。无私贤哲之臣，无私事能之士[4]。故民不越乡而交，无百里之感[5]。贵贱不相逾[6]，愚智提衡而立[7]，治之至也。今夫轻爵禄，易去亡[8]，以择其主，臣不谓廉。诈说逆法，倍主强谏[9]，臣不谓忠。行惠施利，收下为名，臣不谓仁。离俗隐居，而以作非上[10]，臣不谓义。外使诸侯，内耗其国[11]，伺其危险之陂[12]，以恐其主曰："交非我不亲，怨非我不解。"而主乃信之，以国听之，卑主之名以显其身，毁国之厚以利其家，臣不谓智。此数物者，险世之说也，而先王之法所简也[13]。先王之法曰[14]："臣毋或作威，毋或作利[15]，从王之指[16]；无或作恶，从王之路[17]。"古者世治之民，奉公法[18]，废私术，专意一行，具以待任[19]。

【注释】

1 北面：向北。古代君主向南坐，群臣朝见时则向北，所以说"北面"。质：身体。委质：把身体托付给君主，表示愿意为君主效死。一说："质"通"贽"，是古代初次拜见尊长时所送的礼物。委质：初次相见向尊长献礼，这里指向君主献礼，表示尊敬君主。这几种说法都讲得通。

2 虚心：指心里没有成见和私心杂念。无是非：不说对也不说不对，指顺从命令，不加批评。

3 镆铘：同"莫邪"，宝剑名。傅：通"附"，靠近。

4 事：同"使"。

5 感：通"戚"，亲戚。

6 逾：逾越，超越，指不超出自己的名分界限。

7 立：存在，生存。

8 易：轻易，意动用法，把……看得很轻，看轻。

9 倍：通"背"，违背。

10 作：是"诈"的误字。非：通"诽"，毁谤。

11 内耗其国：在国内耗费自己的国家，指消费俸禄，损耗国家的财富。

12 伺：窥测，侦察。陂：山边，引申为边际。危险之陂：危险之际。

13 简：简慢，怠慢，看不起。

14 下面五句与《尚书·洪范》中的文字不完全相同，可能是引自其他古书。

15 或：有。作：行，做。作威：逞威风，指私下大兴杀戮刑罚，建立自己的威势。作利：施行恩惠。

16 指：通"旨"。

17 路：道路，指行动的途径，此指法度。

18 奉：遵从，遵守。

19 具：通"俱"，都。

【译文】

德才兼备的人做臣子，面北朝向君主行礼，效忠君主，没有二心。在朝廷不敢推辞贱事，在军队不敢推辞危难战事；顺从君主的行为，遵从君主的法令，虚心等待命令，不搬弄是非。因此臣子有了嘴巴而不为私家辩说，有了眼睛而不为私家察看，君主控制着他们的一切。做臣子的，就好比是人的双手一样，上用来修饰头，下用来修饰脚；遇到冷暖的侵袭，不能不依靠双手来护卫身体；那锋利的宝剑逼近身体，不能不搏斗。不私心偏袒贤明的臣子，不偏爱有才能而为君主卖力的人士。所以百姓不离开家乡私交，没有离家百里的忧虑。尊贵的人和贫贱的人不超越各自的名分界限，愚笨的人和聪明的人都依法受赏受罚而平等地生活着，这是政治的最高境界啊。现在那些人轻视朝廷的厚官爵禄，随便就离开自己的君主而去另外选择主人，我不认为这是廉。进言欺诈、违背君主的意愿而强行进谏，我不认为这是忠。施行恩惠，收买人心来抬高自己的声望，我不认为这是仁。避世隐居，而用谎言非议君主，我不认为这是义。出使他国，损害自己的国家，趁着自己的国家陷入危境，便恐吓自己的君主说："和外国结交没有我就不行，与其他国家结下的仇怨没有我就不能够解除。"而君主也便相信他，把国家托付给他；这样他便以贬低君主名声的方式抬高了自己，以损害国家利益的方式便利了私家，我不认为这是智。这几种行为，是流行于乱世的做法，是古代圣明帝王的法令所轻视摒弃的。先王法令说："臣下不要逞威，不要牟利，要顺从君主旨意；不要作恶，要跟随君主的脚步。"古代太平社会的百姓，奉行公法，废止私术，一心一意为君主办事，一切等待君主的任用。

夫为人主而身察百官，则日不足，力不给。且上用目，则下饰观；上用耳，则下饰声；上用虑，则下繁辞。先王以三者为不足，故舍己能而因法数，审赏罚。先王之所守要，故法省而不侵。独制四海之内，聪智不得用其诈，险躁不得关其佞，奸邪无所依。远在千里外，不敢易其辞；势在郎中，不敢蔽善饰非；朝廷群下，直凑单微，不敢相逾越。故治不足而日有余，上之任势使然也。

【译文】

做君主的，如果亲自去考察百官，就会时间不够，精力不足。况且君主用眼睛去看，臣子就修饰自己的外在表现；如果君主用耳朵去听，臣子就修饰自己的言语；如果君主用心去思考，臣子就使用烦琐的文辞。先王认为用目、耳、心这三种器官是不够的，因此放弃自己的这些能力而使用法度，严明赏罚。先王掌握着这个关键，所以法令简明而君权不受侵害。君主独自控制整个天下，聪明多智的人就不能使用欺诈手段，阴险浮躁的人就不能使用花言巧语，奸邪的人也就失去了他们的依靠。即使远在千里之外，臣子也不敢改变君主的口令；即使处在郎中的位置，也不敢隐藏好事掩饰坏事；朝中的群臣，不论聚众还是单独，都不敢相互逾越职守。所以政事不多而时间有余，是君主善于运用权势所得来的。

夫人臣之侵其主也，如地形焉，即渐以往，使人主失端[1]，东西易面而不自知。故先王立司南以端朝夕[2]。故明主使其群臣不游意于法之外，不为惠于法之内，动无非法。峻法，所以禁过外私也；严刑，所以遂令惩下也。

威不贰错[3]，制不共门。威、制共，则众邪彰矣；法不信，则君行危矣；刑不断，则邪不胜矣。故曰：巧匠目意中绳，然必先以规矩为度；上智捷举中事，必以先王之法为比。故绳直而枉木斫，准夷而高科削，权衡县而重益轻[4]，斗石设而多益少。故以法治国，举措而已矣。法不阿贵，绳不挠曲。法之所加，智者弗能辞，勇者弗敢争。刑过不避大臣，赏善不遗匹夫。故矫上之失，诘下之邪，治乱决缪[5]，绌羡齐非[6]，一民之轨，莫如法。厉官威民，退淫殆[7]，止诈伪，莫如刑。刑重，则不敢以贵易贱；法审，则上尊而不侵。上尊而不侵，则主强而守要，故先王贵之而传之。人主释法用私，则上下不别矣。

【注释】

1 端：头绪，方向。

2 司南：指南，相当于今天所说的指南针。朝夕：早晨与傍晚，借指东面与西面。

3 错：通"措"，置，引申为树立。

4 县：通"悬"。

5 缪：通"谬"，错误。

6 绌：通"黜"，削减。

7 殆：通"怠"，懈怠。

【译文】

　　臣子侵害他的君主，就像行路时的地形一样，由近及远，地形渐变，使君主失去方向，东方与西方的位置颠倒了，而君主自身却没能觉察到。所以先王设置指南仪器来判断东西方向。因此明智的君主要让他们的大臣不得在法度规定的范围之外动用心思，也不允许在法度规定的范围之内私下施行恩惠去收买民心，举止行为应该没有不合法的。法度是用来禁止犯罪、排除私欲的，严厉的刑罚是用来贯彻法令、惩办臣下的。威势不能让君主和臣下共同使用，权力不能让君主和臣下共同享用。如果威势、权力君主和臣下共同掌控，那么奸臣就会明目张胆地活动了；法度就无法坚决实行，君主的政令就危险了；刑罚不果断，就无法战胜奸邪之人。所以说：巧妙的工匠目测合乎墨线，但一定先要用圆规和角尺作为标准；智商高的人办事敏捷合乎要求，但一定要以先王的法度作为依据。墨线直了，弯曲的木材就要被砍削；水准仪放平了，凹凸的部分就可以被削平；用悬挂的秤称量后，就可以减少多的东西而增补少的东西；设置斗石来量多少，那么东西就可以平均。所以用法令治国，不过是合法的就推行，不合法的就弃置不做罢了。法令不偏袒权贵，法律的准绳不屈从于邪恶，就如同墨绳不迁就弯曲的木材一样。按照法令该被制裁的，智者不能逃避，勇者不敢抗争。惩罚罪过不回避大臣，奖赏善行不遗漏百姓。所以矫正上面的过失，追究下面的奸邪，治理纷乱，判断谬误，削减多余，纠正错误，使民众的规范一致，没有什么方法能够比得上法度的。整治官吏，威慑民众，杜绝过分懈怠的行为，禁止欺诈虚伪，没有什么措施能够比得上刑罚的。刑罚重了，人们就不敢因地位高而轻视地位低的人；法令严明了，君主就尊贵而不会受到侵害。君主尊贵而不受侵害，就能强大且掌握治国要领。所以先王重视法度并传授下来。如果君主抛弃法度而依据自己的意愿办事，君臣之间就没有区别了。

【评点】

有度，即有法度。韩非充分认识到国家有法即君王有术的重要性，批判儒家廉、忠、仁、义等道德范畴，提倡臣民都服从君王的意志；又从道家无为学说中得到启发，君王只要"因法数"即"任势"就能达到"独制""独断""上尊而不侵"的目的。

对于一个国家来说，"法度"就像"权衡"一样，是判断轻重得失的标准。有"权衡"在手，就可以知道轻重而不至于被人欺骗。有"法度"在朝廷，就可以知道得失而不至被人耍弄。

二柄第七

明主之所道制其臣者。二柄而已矣。二柄者，刑德也[1]，何谓刑德？曰：杀戮之谓刑，庆赏之谓德。为人臣者畏诛罚而利庆赏，故人主自用其刑德。则群臣畏其威而归其利矣。故世之奸臣则不然，所恶，则能得之其主而罪之；所爱，则能得之其主而赏之。今人主非使赏罚之威利出于己也，听其臣而行其赏罚，则一国之人皆畏其臣而易其君[2]，归其臣而去其君矣。此人主失刑、德之患也。夫虎之所以能服狗者，爪牙也，使虎释其爪牙而使狗用之。则虎反服于狗矣。人主者，以刑德制臣者也。今君人者释其刑德使臣用之，则君反制于臣矣。故田常上请爵禄而行之群臣[3]，下大斗斛而施于百姓[4]，此简公失德而田常用之也[5]，故简公见弑。子罕谓宋君曰[6]："夫庆赏赐予者，民之所喜也，君自行之，杀戮刑罚者，民之所恶也，臣请当之。"于是宋君失刑而子罕用之，故宋君见劫。田常徒用德而简公弑[7]，子罕徒用刑而宋君劫。故今世为人臣者兼刑德而用之，则是世主之危甚于简公、宋君也，故劫杀擁蔽之[8]。主非失刑德而使臣用之，而不危亡者，则未尝有也。

【注释】

1 德：恩惠，庆赏。

2 易：轻视。

3 田常：人名，即田成子，也叫陈成子，春秋时期齐国大臣。

4 下大：加大。斛：古代的一种容器，十斗为一斛。

5 简公：即齐简公。

6 子罕：人名。战国时期皇喜氏，姓戴，名喜，字子罕。曾任宋国的司城。宋君：指宋桓侯，战国时宋国的国君。又称"辟公"，子姓，名兵。

7 徒：独，仅仅。

8 擁：通"壅"，壅塞，堵塞。

【译文】

英明的君主用来控制他臣下的手段，不过是两种权柄罢了。这两种权柄，就是"刑"和"德"。什么叫做"刑""德"

呢？就是：杀戮的权力叫做"刑"，奖赏的权力叫做"德"。做臣下的害怕杀头惩罚而贪图奖励赏赐，所以，君主如果亲自使用刑赏的大权，那么群臣就因害怕君主用刑的威势而只追求君主行赏的好处了。但是当代的奸臣却不是这样，对他所憎恶的人，就能从他君主那里取得刑赏大权来惩治他们；对他所喜欢的人，就能从他君主那里取得刑赏大权来奖赏他们。现在如果君主不是亲自行使赏罚的威势和好处，而听任臣下去行使赏罚大权，那么全国的民众就都害怕臣子而看轻君主、归附臣子而背离君主了。这是君主失去刑赏大权的祸害啊。老虎之所以能够制服狗，是因为它的利爪和牙齿，假使老虎放弃了它的利爪和牙齿而让狗来使用它们，那么老虎反而要被狗制服了。君主，是依靠刑赏大权来控制臣下的。现在君主如果放弃了自己的刑赏大权而让臣下去使用它，那么君主反而要被臣下控制了。过去田常在朝廷向君主求取爵位、俸禄而把它们赐给群臣，在民间加大斗、斛来把粮食施舍给百姓，这就是齐简公将奖赏大权让给了田常，所以齐简公被杀掉了。子罕对宋桓侯说："奖赏恩赐这种事，是民众所喜欢的，请您自己去施行它吧；杀戮刑罚这种事，是民众所憎恶的，请让我来承担它吧。"于是宋桓侯将用刑的权力让给了子罕，所以宋桓侯被挟制了。田常单单用了奖赏的权力，简公就被杀掉了；子罕单单用了刑罚的权力，宋桓侯就被挟制了。所以，当今社会上做臣子的兼有了刑罚和奖赏两种大权，那么当今君主的危险就比齐简公、宋桓侯更严重了，所以现在的臣子纷纷劫持、杀害、隔绝、蒙蔽他们的君主。君主同时将刑罚和奖赏两种大权让给臣下，还不危险灭亡的，那是从来没有过的啊。

人主将欲禁奸，则审合刑名者[1]，言异事也。为人臣者陈而言[2]，君以其言授之事，专以其事责其功。功当其事，事当其言，则赏；功不当其事，事不当其言，则罚。故群臣其言大而功小者则罚，非罚小功也，罚功不当名也；群臣其言小而功大者亦罚，非不说于大功也[3]，以为不当名也害甚于有大功，故罚。昔者韩昭侯醉而寝[4]，典冠者见君之寒也，故加衣于君之上。觉寝而说，问左右曰："谁加衣者？"左右对曰："典冠。"君因兼罪典衣与典冠。其罪典衣，以为失其事也；其罪典冠，以为越其职也。非不恶寒也[5]，以为侵官之害甚于寒。故明主之畜臣，臣不得越官而有功，不得陈言而不当。越官则死，不当则罪。守业其官[6]，所言者贞也[7]，则群臣不得朋党相为矣。

【注释】

1 审：审察，仔细考察。合：会合，考核。刑：通"形"，情形，形状，此指事情。名：名称，此指言论。

2 而：其，他的。

3 说：通"悦"，喜欢，高兴。

4 韩昭侯：战国时韩国国君。

5 恶：憎恶，厌恶。

6 守：奉守，掌管。业：职业，职务。守业其官：即守职于其官，承上文"不得越官而有功"而言。

7 贞：当，一致，指符合（事实）。所言者贞：承上文"不得陈言而不当"。

【译文】

君主想禁止奸邪，就得审查考核实际情形是否与名称相合，这也就是看臣下的言论是否不同于他们所做的事。让做臣子的陈述他的意见，君主便根据他的意见交给他职事，然后专门根据他的职事来责求他的成绩。如果取得的成绩和他的职事相当，完成职事的情况和他的话相符合，就给予奖赏；如果取得的功绩和他的职事不相当，完成职事的情况和他的话不相符合，就加以惩罚。所以，群臣之中那些话说大了而功绩小的就要惩罚，这不是惩罚他取得的功绩小，而是惩罚他取得的功绩与他的言论不相当；群臣之中那些话说小了而功绩大的也要惩罚，这并不是不喜欢大功，而是认为功绩与言论不相当的危害超过了他所取得的大功，所以要惩罚。从前韩昭侯喝醉了酒睡着了，掌管君主帽子的侍从看见他受寒了，所以把衣服盖在他的身上。韩昭侯睡醒后很高兴，问身边的侍从说："盖衣服的是谁？"身边的侍从回答说："是掌管帽子的侍从。"韩昭侯因而同时惩处了掌管衣服的侍从和掌管帽子的侍从。他惩处掌管衣服的侍从，是认为他没有尽到他应尽的职责；他惩处掌管帽子的侍从，是认为他超越了他的职责范围。韩昭侯并不是不怕着凉，而是认为侵犯他人职权的危害比着凉更严重。所以英明的君主蓄养驾驭臣下时，臣下不得超越职权去立功，也不可以说话与做事不相当。超越了职权就处死，言行不一致就治罪。各个臣子都在他自己的职权范围内恪守职务而不越职去取功，所说的话与所做的事相当，那么群臣就不能拉党结派、互相帮助、狼狈为奸了。

人主有二患：任贤，则臣将乘于贤以劫其君；妄举，则事沮不胜[1]。故人主好贤，则群臣饰行以要君欲[2]，则是群臣之情不效；群臣之情不效，则人主无以异其臣矣。故越王好勇而民多轻死；楚灵王好细腰而国中多饿人；齐桓公妒外而好内，故竖刁自宫以治内[3]；桓公好味，易牙蒸其子首而进之[4]；燕子哙好贤[5]，故子之明不受国。故君见恶[6]，则群臣匿端；君见好，则群臣诬能。人主欲见，则群臣之情态得其资矣。故子之，托于贤以夺其君者也；竖刁、易牙，因君之欲以侵其君者也。其卒，子哙以乱死，桓公虫流出户而不葬，此其故何也？人君以情借臣之患也。人臣之情，非必能爱其君也，为重利之故也。今人主不掩其情，不匿其端，而使人臣有缘以侵其主，则群臣为子之、田常不难矣。故曰："去好去恶，群臣见素[7]。"群臣见素，则大君不蔽矣。

【注释】

1 沮：败坏。不胜：不堪，不能胜任。

2 要：迎合。

3 竖刁：齐桓公宠爱的侍仆。宫：阉割，把生殖器割掉。

4 易牙：齐桓公宠信的近臣。

5 哙：战国时燕国国君。

6 子之：子哙的相国。

7 素：通"愫"，真情。君主不表现好恶，臣下便没有什么可因循的，所以只得显出他们的真情。

【译文】

君主有两种忧患：任用贤能的人，臣下将会凭借自己的才干来挟制他的君主；胡乱地提拔官吏，那么事情就会败坏得不可收拾。所以君主喜爱贤能的人，那么群臣就粉饰自己的行为来迎合君主的欲望，这样群臣的真情就不会显露出来了；群臣的真情不显露出来，君主也就没有办法来识别他臣子的真假好坏了。过去越王勾践喜爱勇敢，民众中就涌现出很多不怕死的人；楚灵王喜欢细腰，国内就有很多为了使自己的腰变细而饿肚子的人；齐桓公忌妒外朝的卿大夫而爱好后宫的女色，所以竖刁把自己阉割了来治理后宫的事务；齐桓公爱好美味的食物，易牙就蒸了自己儿子的头进献给桓公；燕王子哙爱好贤名，所以子之表面上不肯接受王位。由此可见君主对什么事流露出自己的厌恶，那么群臣就会把君主所厌恶的那一方面的事情隐蔽起来；君主表现出自己的爱好，那么群臣就会冒充有这方面的才能。君主的欲望表现出来，群臣就有了表现自己的参照。所以子之是依靠了子哙爱好贤名来篡夺君位的；竖刁、易牙是依顺了君主的欲望来侵害君主的。结果子哙因为战乱而死了，齐桓公死后蛆虫爬出了门也得不到安葬。这其中的缘故是什么呢？就是君主把自己的内情暴露给了臣子而招致的祸害啊。臣子的内心不一定会爱他的君主，而是因为看重利益的缘故才装出忠爱君主的样子。现在君主不掩盖自己的真情，不隐藏自己的念头，而使臣下有所凭借来侵害他们的君主，那么群臣成为子之、田常那样的人就很容易了。所以说："君主不表现出自己的爱好，不流露出自己的厌恶，群臣便会露出真情。"群臣露出真情，君主就不会被蒙蔽了。

【评点】

　　二柄，指杀戮和庆赏之权，也是君主统治的两种基本手段。韩非抓住人类畏威趋利的心理，提出人主要"自用其刑德”，而“刑德”二字又着重于禁奸和诛罚上，为了禁奸，本文继续强调“审合刑名”，而且即使“群臣其言小而功大者亦罚”“越官者死，不当则罪”。又提出若要“群臣见素”，君主需要“掩其情”“匿其端”来处理和臣下的关系。

君主专制制度在中国有着几千年的历史，韩非打算使君主之下的官员不能抱成一团，甚至连各自结党拉派也不允许，这是由历史背景因素造成的。

扬权第八

天有大命[1]，人有大命。夫香美脆味，厚酒肥肉，甘口而疾形[2]；曼理皓齿[3]，说情而捐精。故去甚去泰[4]，身乃无害。权不欲见，素无为也。事在四方，要在中央[5]。圣人执要，四方来效。虚而待之，彼自以之。四海既藏，道阴见阳[6]。左右既立。开门而当[7]。勿变勿易，与二俱行。行之不已[8]，是谓履理也[9]。

【注释】

1 命：天命，命运的规律。

2 疾：古代生病时轻微的叫疾，重的叫病。

3 曼：秀美。理：纹理。

4 甚：异常安乐。泰：通"太"，过于。这里引申为过分。

5 要：纲要。

6 道：通"导"，引导，疏导。

7 当：处断、处理的意思。

8 已：停止。

9 履：履行，实践。理：事理，是指具体事物的规律。这里是指统治臣下的规律。

【译文】

天有自然法则，人也有自己的规则。芳香甜美松脆的食物，醇酒和肥肉，虽然可口但会损害身体；肌肤秀美牙齿洁白的美女，虽然使人性情愉悦但会耗费精力。所以放弃过分的安乐和享受，身体就不会受到损害。权势不应显现出来，保持无为而治。政治治理在地方，治理的纲要把握在中央。圣明君主执掌着要害，四方臣民都会来效劳。只要平静地对待臣下，臣下自会办好事情。天下既已平安无事，君主就可以从静态中观察动态。文武官员既已设置，君主就可以广开言路接待天下贤才。不要变更，不要改动，按照自然和人类法则去运行，运行而不终止，这就叫遵循事理。

夫物者有所宜[1]，材者有所施，各处其宜，故上下无为。使鸡司夜，令狸执鼠，皆用其能，上乃无事。上有所长，事乃不方[2]。矜而好能[3]，下之所欺；辩惠好生[4]，下因其材[5]。上下易用，国故不治。

【注释】

1 宜：适宜。

2 方：这里用为方法、办法之意。

3 矜：自夸。

4 惠：这里用为聪慧、聪明之意。

5 因：这里用为依靠、凭借之意。

【译文】

那万物都有了各自适宜的环境，才能有所施展的地方，只要各自安排得当，上下就都可以无为而治了。让鸡掌管夜里的时间报晓，叫狸猫捕捉老鼠，如果都像这样各展其才，君主就能够无为而治了。君主显示自己的特长，政事就不能办成。君主喜欢自夸逞能，正是臣下进行欺骗的凭借；君主喜欢惹是生非，卖弄口才和智力，正是臣下加以利用的依托。君臣职能颠倒，国家因此得不到治理。

用一之道，以名为首。名正物定，各倚物徙[1]。故圣人执一以静，使名自命，令事自定。不见其采[2]，下故素正[3]。因而任之，使自事之；因而予之，彼将自举之。正与处之[4]，使皆自定之。上以名举之，不知其名，复修其形。形名参同[5]，用其所生。二者诚信，下乃贡情[6]。

【注释】

1 倚：这里用为偏斜之意。徙：这里用为游移不定之意。

2 见：这里用为出现、显露之意。

3 素：这里用为诚心的、真情的之意。

4 与：这里用为随从、随着之意。处：这里用为治理、办理之意。

5 参：这里用为检验之意。

6 贡：贡献。

【译文】

以道的原则治理国家，要把确定客观事物的名称放在首位，名称恰当，那么它所反映的事物内容也就确定了；名称有所偏差，那么它所反映的事物也就游移不定了。所以圣人采取虚静的态度来掌握道，使名称依据它所反映的内容自己确定，使事物的内容按照它所具有的性质自己确定。君主不表现出自己的智能，臣子就会显现出自己的本色。据此加以任用，使他们自行办事；据此给予任务，他们将会自行完成；正确地运用这种原则来安排臣下，使他们都能自动地尽职尽责。君主根据臣下的主张来举用他，如果不清楚臣下的主张是否恰当，那就去考察臣下付诸行动后的效果。言行经过综合审定，然后酌情给予赏罚。赏罚有诚信，臣下就会献出真诚。

谨修所事，待命于天，毋失其要，乃为圣人。圣人之道，去智与巧。智巧不去，难以为常。民人用之，其身多殃；主上用之，其国危亡。因天之道，反形之理，督参鞠之[1]，终则有始。虚以静后，未尝用己。凡上之患，必同其端；信而勿同，万民一从。

【注释】

1 鞠：通"鞫"，寻根究底。

【译文】

谨慎地处理政事，等待自然规律起作用。不要丧失治国纲领，才有可能成为圣人。圣人的治理原则是排除智谋和巧诈；如果智谋和巧诈不排除，就难以维持正常秩序。如果老百姓使用智谋和巧诈，那么他们就会招来灾祸；如果君主使用智谋和巧诈，那么他的国家就会危险和灭亡。君主治国遵循自然的普遍规律，返回到事物的具体道理中，深入观察，交互验证，寻根究底，反复无穷。做到虚静之后，就不会再凭借主观意愿。凡是君主的祸患，一定来源于片面地赞同某一方面的意见；如果任凭臣下发表言论而不去赞同它，那么全国民众就会一致服从他们的君主了。

夫道者，弘大而无形；德者，核理而普至。至于群生，斟酌用之，万物皆盛[1]，而不与其宁。道者，下周于事，因稽而命[2]，与时生死。参名异事，通一同情。故曰：道不同于万物，德不同于阴阳，衡不同于轻重，绳不同于出入，和不同于燥湿，君不同于群臣。凡此六者，道之出也。道无双，故曰一。是故明君贵独道之容。君臣不同道，下以名祷。君操其名，臣效其形，形名参同，上下和调也。

【注释】

1 盛：通"成"。

2 稽：合，相当。命：此处指规律。

【译文】

道，是宏博广大而没有形状的；德，是内含道理而普遍存在的。至于万事万物，都是自然汲取道和德的内在之理而形成，可是并不随万事万物的止息而止息。道普遍存在于事物之中，它根据对事物的考核而给予它们不同的名称，让它们随着时间的推移产生和死亡。用名称来考察，事物各异，但从道的角度看，各种事物的实质都是相同的。所以说：道和它所生成的万物不相同，德和它所包含的阴阳不相同，衡器和它所测量的轻重不相同，墨线和它所矫正的凹凸不平的部分不相同，定音器与声音的干湿不相同，君主和他所任用的臣子不相同。所有这六种情况都是道衍化出来的。道是独一无二的，因此叫作“一”。所以，英明的君主崇尚道那独一无二的地位。君主和臣下的办事原则是不相同的，臣下用主张向君主祈求。君主执掌着臣下的主张，臣下贡献出一定的成果。成果和主张交验相符，君臣上下的关系就和谐了。

凡听之道，以其所出，反以为之入。故审名以定位，明分以辩类[1]。听言之道，溶若甚醉[2]。唇乎齿乎，吾不为始乎；齿乎唇乎，愈惛惛乎[3]。彼自离之，吾因以知之；是非辐凑[4]，上不与构。虚静无为，道之情也；参伍比物，事之形也。参之以比物，伍之以合虚。根干不革，则动泄不失矣。动之溶也，无为而攻之。喜之，则多事；恶之，则生怨。故去喜去恶，虚心以为道舍。上不与共之，民乃宠之；上不与义之[5]，使独为之。上固闭内扃[6]，从室视庭，咫尺已具，皆之其处。以赏者赏，以刑者刑，因其所为，各以自成。善恶必及，孰敢不信？规矩既设，三隅乃列。

【注释】

1 分：界限。

2 溶：通“容”，容貌。

3 惛惛：糊涂。

4 辐凑：通"辐辏"，指车轮上的辐条聚集在车毂上。此处比喻聚集，集中。

5 义：通"议"，议论。

6 扃（jiōng）：此处为动词，意为上闩，关门。

【译文】

大凡听取臣下言论的方法是：根据臣下发表的言论，反过来将其作为检验他们实绩的标准。所以君主要审察臣下的言论来确定他们的职位，明确臣下的职责来区别他们所要做的事情。听察言论的一般原则，就像喝醉酒时的状态。群臣纷纷动嘴动舌，君主我却一言不发；群臣纷纷动嘴动舌，君主我越发装成糊涂的样子，臣下自己去分析他们的意见，我从而对他们的意图加以了解；错误和正确的意见都集中到君主的手里，但君主却不与他们讨论。虚无安静无所作为，是道本来的面貌；验证和连接事物，是由事物的实际情形决定的。从联系中检验事物，从联系中发现规律。根本规律不加变更的话，任凭事物怎样运动也不会出现失误。尽管臣下动摇和扰乱君主，君主仍旧要用无为原则加以处理。君主表现出喜悦，就会惹事；表现出厌恶，就会生怨。所以要排除爱憎，使内心虚空成为容纳道的处所。君主不和臣民共事，臣民才会尊敬君主；君主不和臣民议事，要让他们自己去干。君主要像紧紧地关闭内室的门似的深藏心机，要像从室内窥视庭院那样从暗处来观察明处，如同咫尺一样的法度已经具备，那么是非长短等就都呈现在君主的眼前了。该赏的赏，该罚的罚，根据他们的所作所为，各自受到相应的处置。他们做的好事和坏事一定会得到相应的赏罚，谁还敢不诚实？规章制度既经设置，其他方面就可以端正了。

主上不神，下将有因；其事不当，下考其常。若天若地，是谓累解；若地若天，孰疏孰亲？能象天地，是谓圣人。欲治其内，置而勿亲；欲治其外，官置一人；不使自恣，安得移并？大臣之门，唯恐多人。凡治之极，下不能得。周合刑名[1]，民乃守职；去此更求，是谓大惑。猾民愈众，奸邪满侧。故曰：毋富人而贷焉，毋贵人而逼焉；毋专信一人而失其都国焉；腓大于股[2]，难以趣走[3]。主失其神，虎随其后。主上不知，虎将为狗。主不蚤止[4]，狗益无已。虎成其群，以弑其母。为主而无臣，奚国之有？主施其法，大虎将怯；主施其刑，大虎自宁。法刑苟信，虎化为人，复反其真[5]。

【注释】

1 刑：通"形"。

2 腓（féi）：腿肚子。

3 趣：通“趋”，小跑。

4 蚤：通“早”。

5 反：通“返”，恢复。

【译文】

君主不能做到神秘莫测，臣下就会有机可乘；君主行事不能得当，臣下就会作为常例来援引。君主像天和地那样虚静无为，这才叫真正做到了公平端正；像地和天那样无私，哪有什么亲近和疏远？能像天地一样行事，才能称为圣人。要想治理好宫中，就必须设置左右近臣而不去亲近他们；要想治理好宫外，就必须每个官职只设置一个官员；不让他们肆意妄为，越职侵权之事又怎么可能发生呢？大臣的门下，最怕的就是有很多人投奔。凡是极佳的治理状态，臣下就不能结党营私；规定人臣的主张和事功必须相吻合，臣民才会安守本分。舍弃这种办法而去寻求别的途径，就是最大的迷惑；刁民就会越来越多，奸臣就会遍布君侧。所以有这种说法：不可使别人太过富裕而反使自己要向他借贷；不可使他人太尊贵而反使自己受到逼迫；不要专门信任一个人反而使自己丧失国家。小腿若比大腿粗，就难以小步快跑。如果君主不能够做到神秘莫测，阴谋篡权的大臣就会跟随其后。君主仍不察觉，这些阴谋篡权的大臣就会伪装得像狗一样忠诚。君主不能及早制止，狗就会不断增加。等到这些阴谋篡权的大臣成了群，就会共同杀掉君主。做君主的没有忠臣，还有什么国家可言？君主施行他的法令，这些阴谋篡权的大臣就会害怕；君主施行他的刑罚，这些阴谋篡权的大臣自会服帖。法令刑罚如果坚决执行，这些阴谋篡权的大臣就会重新变成人，恢复他的本来面目。

欲为其国，必伐其聚[1]；不伐其聚，彼将聚众。欲为其地，必适其赐；不适其赐，乱人求益。彼求我予，假仇人斧；假之不可，彼将用之以伐我。黄帝有言曰："上下一日百战。"下匿其私，用试其上；上操度量，以割其下。故度量之立，主之宝也；党与之具，臣之宝也。臣之所不弑其君者，党与不具也。故上失扶寸[2]，下得寻常[3]。有国之君，不大其都；有道之臣，不贵其家。有道之君，不贵其臣；贵之富之，彼将代之。备危恐殆，急置太子，祸乃无从起。内索出圉[4]，必身自执其度量。厚者亏之，薄者靡之。亏靡有量，毋使民比周，同欺其上。亏之若月，靡之若热。简令谨诛，必尽其罚。

【注释】

1 聚：通"丛"，此处用来比作朋党。

2 扶寸：我国古代长度的计量单位，四指的宽度为一扶，一指的宽度为一寸。形容甚小。

3 寻常：我国古代长度的计量单位，八尺为一寻；一丈六尺为一常。

4 圉：通"御"，防御，抵御。

【译文】

君主要想治理好自己的国家，必须除掉朋党；不除掉朋党，他们将越聚越多。君主要想保有自己的地位，必须赏赐适当；赏赐不当，乱臣就会要求更多。他们一来求取君主就慷慨给予，就好比是借给仇人斧头；把斧子借给仇人是不可以的，他将用斧头来砍杀君主。黄帝说过这样的话："君臣之间一天之内就有上百次的斗争。"臣下隐藏私情，用来试探君主；君主掌握法度，用来制裁臣下。因此健全法度，是君主的法宝；结成朋党，是臣子的法宝。臣下不杀君主的原因是朋党还未形成。因此如果君主出现一点儿失误，那么臣下就会获取大量的私利。能统治国家的君主，不会使封出去的城邑扩大；能服从法治的大臣，不会使属下的私家显贵。懂得治国之道的君主，不使他的臣下过于尊贵过于富有；臣下过于尊贵过于富有，就会取君主而代之。君主防备危险发生的办法，就是要设立继位的太子，如此灾祸就不会发生了。无论是在宫内搜索坏人，还是在宫外防备奸臣，君主必须亲自掌握法度。对爵高禄厚的人要加以削减，对爵低禄薄的人要予以增加；无论是削弱还是加强都要适度。不要使臣民紧密勾结，共同欺侮君主。减少爵禄像月亮般逐渐亏蚀，增加爵禄像物体受热般逐渐增大。法令要简明，诛杀要谨慎，惩罚时一定要坚决彻底。

毋弛而弓，一栖两雄。一栖两雄，其斗嗴嗴[1]，豺狼在牢，其羊不繁。一家二贵，事乃无功。夫妻持政，子无适从。

为人君者，数披其木，毋使木枝扶疏；木枝扶疏，将塞公间，私门将实，公庭将虚，主将壅围。数披其木，无使木枝外拒；木枝外拒，将逼主处。数披其木，毋使枝大本小；枝大本小，将不胜春风；不胜春风，枝将害心。公子既众，宗室忧吟。止之之道，数披其木，毋使枝茂。木数披，党与乃离。掘其根本，木乃不神。填其汹渊[2]，毋使水清。探其怀，夺之威。主上用之，若电若雷。

【注释】

1 嗴嗴（yányán）：形容鸟争斗时鸣叫的声音。

2 汹渊：汹涌的深潭，比喻奸党势力雄厚。

【译文】

君主不要放松自已的弓箭，要防止一个窝里有两只雄鸟。

如果一棵树上栖息两只雄鸟，必然大事争斗。如果把豺狼养在羊圈里面，羊就不会增多。一个家庭如果有两人当家，事情就会没有成效。如果夫妻两人共同执掌家政，孩子就无所适从。作为君主，要像经常劈削树木一样整治臣下，不要使树木枝叶茂盛；树木枝叶茂盛，就会堵塞住君主的大门；大臣的私人家庭就会变得强盛富裕，朝廷的衙门就会变得衰弱空虚，君主将受到蒙蔽。经常劈削树木，不要使树枝向外伸展：树枝向外伸展，将会威逼君位。经常劈削树木，不要让它的枝叶茂盛而主干弱小；枝叶茂盛而主干弱小，将会经不住春风的吹拂；经不住春风的吹拂，树枝就会损害树心。太子以外的公子太多，嫡长子一系就要担忧而哀吟了。制止这些灾祸发生的办法，就是经常劈削树木，不要使枝叶茂盛。树木经常劈削，朋党才会离散。掘掉树根，树木就没有生气了。将奸党势力雄厚的深潭填塞起来，不要让水奔腾。探测公子和臣下心中的阴谋，剥夺臣下的威势。君主使用这些权力时，要像雷电那样迅疾果断。

【评点】

本文是一篇集中阐扬君权思想的哲理性韵文。扬权，就是弘扬君权。韩非从他个人对老子学说的把握中将"君不同于群臣"与"道不同于万物"作类比，从而把形而上的道家学说改造成为宣扬权术的政治学说，以人间的君王代替万物之母的大道，把道家的清虚无为思想转换成了君王政治斗争中的权术。他认为君主就应该和道一样，以独一无二自居，高居于群臣和百姓之上。这是韩非加强君主中央集权的思想，也是中国历史上第一个统一的中央集权专制主义封建国家建立的理论基础。同时，韩非还进一步指出，君主要保持尊贵的地位，就必须掌握刑名之术，控制赏罚大权，但并不是独揽一切权力、独断专行，而是要"事在四方，要在中央"，只有让四方忙碌，各尽职责，中央集权才能巩固。

八奸第九

凡人臣之所道成奸者，有八术：一曰在"同床"。何谓"同床"？曰：贵夫人，爱孺子[1]，便僻好色[2]，此人主之所惑也。托于燕处之虞[3]，乘醉饱之时，而求其所欲，此必听之术也。为人臣者内事之以金玉，使惑其主，此之谓"同床"。二曰"在旁"。何谓"在旁"？曰：优笑侏儒[4]，左右近习[5]，此人主未命而唯唯、未使而诺诺、先意承旨、观貌察色以先主心者也。此皆俱进俱退、皆应皆对、一辞同轨以移主心者也。为人臣者内事之以金玉玩好，外为之行不法，使之化其主，此之谓"在旁"。三曰"父兄"。何谓"父兄"？曰：侧室公子，人主之所亲爱也；大臣廷吏，人主之所与度计也[6]。此皆尽力毕议、人主之所必听也。为人臣者事公子侧室以音声子女，收大臣廷吏以辞言，处约言事，事成则进爵益禄，以劝其心，使犯其主，此之谓"父兄"。四曰"养殃"。何谓"养殃"？曰：人主乐美宫室台池，好饰子女狗马以娱其心，此人主之殃也。为人臣者尽民力以美宫室台池，重赋敛以饰子女狗马，以娱其主而乱其心，从其所欲，而树私利其间，此谓"养殃"。五曰"民萌"。何谓"民萌"？曰：为人臣者散公财以说民人，行小惠以取百姓，使朝廷市井皆劝誉己，以塞其主而成其所欲，此之谓"民萌"。六曰"流行"。何谓"流行"？曰：人主者，固壅其言谈，希于听论议，易移以辩说。为人臣者求诸侯之辩士，养国中之能说者，使之以语其私：为巧文之言、流行之辞，示之以利势，惧之以患害，施属虚辞以坏其主，此之谓"流行"。七曰"威强"。何谓"威强"？曰：君人者，以群臣百姓为威强者也。群臣百姓之所善，则君善之；非群臣百姓之所善，则君不善之。为人臣者，聚带剑之客，养必死之士，以彰其威，明为己者必利，不为己者必死，以恐其群臣百姓而行其私，此之谓"威强"。八曰"四方"。何谓"四方"？曰：君人者，国小，则事大国；兵弱，则畏强兵。大国之所索，小国必听；强兵之所加，弱兵必服。为人臣者，重赋敛，尽府库，虚其国以事大国，而用其威求诱其君；甚者举兵以聚边境而制敛于内，薄者数内大使以震其君[7]，使之恐惧，此之谓"四方"。凡此八者，人臣之所以道成奸，世主所以壅劫，失其所有也，不可不察焉。

【注释】

1 孺子：宫女。

2 便：善于。僻：宠爱。

3 燕：安逸、安乐。虞：欢娱。

4 优笑：古代表演乐舞、杂戏的艺人。

5 近习：君主身边的人。

6 度计：考虑、策划。

7 薄：轻。

【译文】

大凡臣子用来使他们的罪恶阴谋得逞的手段有八种：第一种叫"同床"。什么叫"同床"？就是：高贵的皇后、夫人，得宠的姬妾、妃子，谄媚使巧，姿色美丽，这些正是君主所迷恋的。她们在君主退朝后和自己同居享乐的时候，趁着君主酒醉饭饱的机会，来求取她们想要的东西，这是让君主一定听从的手段。做臣子的在内中用金银玉器、珍贵的玩物奉承贿赂她们，让她们迷惑君主而答应臣子请托的事情，这就叫"同床"。第二种叫"在旁"。什么叫在旁？就是：供君主取乐能使人发笑的滑稽演员和矮人，君主身边的侍从和亲信，这些人在君主还没有下达命令之时就唯唯诺诺，还没有支使他们去做事时就点头哈腰，事先领会君主的意图，能通过察言观色来事先揣测到君主的心思。这些人都是一致行动、用一个腔调、统一口径和行动来改变君主心意的人。做臣子的在内用金银玉器、珍贵的玩物奉承贿赂他们，在外帮他们干不法之事，叫他们影响君主，这就叫"在旁"。第三种叫"父兄"。什么叫父兄？就是：叔伯、兄弟，是君主亲近宠爱的人；权贵大臣、朝廷上的官吏，是与君主咨议谋划的人。这些都是竭尽全力一起议论而君主一定能听从的人。做臣子的用音乐和美女来侍奉君主的叔伯、兄弟，用花言巧语来笼络收买权贵大臣和朝廷上的官吏，让他们在关键时刻为自己的事情游说，事情如果成功，就答应给他们晋级加薪，这样来怂恿他们，使他们干扰君主，这就叫"父兄"。第四种叫"养殃"。什么叫"养殃"？就是：君主喜欢修筑美化宫殿房屋、亭台楼阁、池塘园林，喜欢打扮美女、狗马来使自己赏心悦目，这是君主的灾殃。做臣子的用尽民力来修筑美化宫殿房屋、亭台楼阁、池塘园林，重征赋税来打扮美女、狗马，这样来娱乐君主而扰乱他的心事，顺从了君主的欲望而在修饰亭台楼阁和美女狗马的过程中牟取私利，这就叫"养殃"。第五种叫"民萌"。什么叫民萌？就是：做臣子的挥霍公家的财物来讨好民众，行小恩小惠来赢得百姓，使朝廷和城市乡村的人都称赞他自己，这样来蒙蔽君主而达到他的欲望，这就叫

“民萌”。第六种叫“流行”。什么叫流行？就是：君主本来就不畅通言路，很少听到臣下议论，容易被花言巧语打动。做臣子的就搜罗各国能言善辩的说客，供养国内能说会道的人，让他们来为自己的私利进说。说出华美的言语，流利的词句，用有利的形势来启发君主，用灾难祸害来恐吓君主，编造虚假的言辞来损害君主，这就叫“流行”。第七种叫“威强”。什么叫威强？就是：统治者是靠群臣百姓来形成强大威势的。群臣百姓认为好的，君主就认为它好；群臣百姓认为不好的，君主也就认为它不好。做臣子的收罗带剑的侠客，供养亡命之徒，用来耀武扬威，说明帮他的一定会有好处，不帮他的一定要死，这样来恐吓群臣百姓从而实现个人意图，这就叫“威强”。第八种叫“四方”。什么叫四方？就是：做国君的，自己的国家小就去侍奉大国，兵力弱小就害怕强大的军队。对于大国的勒索，小国一定顺从；强兵压境，弱小国家的军队一定会屈服。做臣子的，加重赋敛，耗尽钱粮，削弱自己的国家去侍奉大国，而利用大国的威势来勾引诱惑自己的君主；严重的招引大国军队压境来挟制国君，轻一点的便屡次招引大国的使者来恐吓自己的君主，使他害怕，这就叫“四方”。大凡这八种方法，是臣子实现奸谋的途径，是当代君主受到蒙蔽挟制以至失掉权势的原因，这是君主不可不仔细审察的啊。

明君之于内也，娱其色而不行其谒，不使私请。其于左右也，使其身必责其言，不使益辞。其于父兄大臣也，听其言也必使以罚任于后，不令妄举。其于观乐玩好也，必令之有所出，不使擅进擅退，不使群臣虞其意。其于德施也，纵禁财，发坟仓[1]，利于民者，必出于君，不使人臣私其德。其于说议也，称誉者所善，毁疵者所恶，必实其能，察其过，不使群臣相为语。其于勇力之士也，军旅之功无逾赏，邑斗之勇无赦罪，不使群臣行私财。其于诸侯之求索也，法则听之，不法则距之[2]。则谓亡君者，非莫有其国也，而有之者皆非己有也。令臣以外为制于内，则是君人者亡也。听大国为救亡也，而亡逾于不听，故不听。群臣知不听，则不外诸侯，诸侯知不听，则不受臣之诬其君矣[3]。

【注释】

1 坟仓：指国家粮仓。

2 距：通"拒"，拒绝。

3 诬：欺骗。

【译文】

英明的君主对于官内的皇后爱妃，只欣赏她们的美色而对她们的诉求不予理睬，不让她们私下里说情。对于左右近侍，任用他们但一定要严格考察他们的话，不准夸大其词。对于父兄和大臣，听取他们的意见一定要使他们对后果承担责任，不要让他们随意胡乱举荐。对于观赏玩乐的东西，一定要在法令上有依据，不让大臣们擅自进献，擅自裁减，不让群臣百官猜度到君主的心意。英明的君主对于恩惠的施行，凡是发放国库的财物和官仓的粮食，有利于民众的事，一定出自君主的决定，不要让臣下将恩德归于自己。对于辩说议论，不论是赞誉者赞美的人，还是诋毁者丑化的人，一定要对他们的真实才能进行核实，查明他们的过失，不允许群臣百官中存在相互吹捧或诽谤的情况。对于有勇力的人，作战立功不破格行赏，私斗犯法不赦免罪过，不允许群臣百官用个人财富收买勇士来谋求私利。英明的君主对于诸侯各国的要求与勒索，合法的就听从，不合法的就拒绝。被称为亡国之君的，并非没了这个国家，而是这个国家的东西全然不归自己所有。让臣下利用外国的势力对国内实行控制，就是统治者丧失自己的国家了。依靠大国来挽救自己的灭亡，这比不依靠亡得更快，所以不能去侍奉。群臣百官知道君主不会依靠大国，就不会去同国外诸侯勾结；国外诸侯知道君主不顺从，就不会把那些听从大国能救亡的邪说授予臣子来欺骗他们的国君了。

明主之为官职爵禄也，所以进贤材劝有功也。故曰：

贤材者处厚禄，任大官；功大者有尊爵，受重赏。官贤
者量其能，赋禄者称其功。是以贤者不诬能以事其主，
有功者乐进其业，故事成功立。今则不然，不课贤不肖，
不论有功劳，用诸侯之重，听左右之谒，父兄大臣上请
爵禄于上，而下卖之以收财利及以树私党。故财利多者
买官以为贵，有左右之交者请谒以成重。功劳之臣不论，
官职之迁失谬。是以吏偷官而外交，弃事而亲财。是以
贤者懈怠而不劝，有功者隳而简其业，此亡国之风也。

【译文】

英明的君主设置官职、爵位、俸禄，是为了用来提拔有
道德、有才能的人，同时奖励有功劳的人。所以说有才能就
可以得到丰厚的俸禄，担任很高的官职；功劳大就能拥有尊
贵的爵位，享有丰厚的赏赐。任用贤能的人当官时一定要衡
量他的才能，授予俸禄要根据他的功劳。因此，有才能的人
不去追求与自己的才能不相匹配的高官要职来为他的君主服
务，有功劳的人乐于进献功业，所以事情能够办成，功名可
以成就。现在却不是这样，君主不去考核官吏是否有德才，
不去评定这些人是否有功劳，任用各诸侯国所器重的人，听
从左右近侍的请求，父兄大臣在上面向君主请求爵禄，而在
下面又出卖它来搜刮钱财货物并靠它来培植私党。因此钱财
多的就买官成为尊贵的人，同君主近侍有交往的靠托关系成

为有权势的人。有功劳的臣子得不到应有的评价，官职的变动颠倒错乱。因此官吏都敷衍塞责而与国外诸侯结交，抛弃事务而贪图财利。有才能的人便变得松懈懒惰而不肯卖力，有功劳的人堕落而轻慢职务，这是亡国的风气啊！

【评点】

文章逐一介绍何谓"八奸"。"八奸"之一是君主的妻妾乘他后宫行乐之际而"求其所欲"，称之为"同床，"；二是供君主取乐的俳优、矮人及君主的亲信侍从，察言观色探知君主的心思，称之为"在旁"；三是君主的伯叔兄弟利用其与君主的特殊关系而干预君主施政，称之为"父兄"；四是臣下加重赋敛，为君主美化宫室台池，修饰美女、狗马以讨君主欢心，称之为"养殃"；五是为人臣者发散公财取悦民众，称之为"民萌"；六是臣下搜求说客辩士，为自己邀买人心，制造舆论，称之为"流行"；七是为人臣者召集带剑门客，豢养亡命之徒，炫耀自己的威风，称之为"威强"；八是为人臣者用国库财力去结交大国，培植个人势力，称之为"四方"。文章指出，君主对上述这"八奸"是"不可不察"的。

韩非针对"八奸"各自的特点，为君主设计了具体的防范措施。此外，还强调了"进贤材，劝有功"对于防范臣下阴谋手段与巩固国家政权的重要性。

十过第十

十过[1]：一曰行小忠，则大忠之贼也[2]。二曰顾小利，则大利之残也。三曰行僻自用[3]，无礼诸侯，则亡身之至也。四曰不务听治而好五音[4]，则穷身之事也。五曰贪愎喜利，则灭国杀身之本也。六曰耽于女乐，不顾国政，则亡国之祸也。七曰离内远游而忽于谏士，则危身之道也。八曰过而不听于忠臣，而独行其意，则灭高名为人之笑始也。九曰内不量力，外恃诸侯，则削国之患也。十曰国小无礼，不用谏臣，则绝世之势也。

【注释】

1 过：过错，错误。

2 贼：伤害，坑害。

3 僻：邪恶。

4 五音：古代的音乐分为宫、商、角、徵、羽五种音调，这里是泛指音乐。

【译文】

十种过错的含义：一是奉行对私人的小忠，那是对大忠的一种戕害。二是只顾小利，那是对大利的一种残害。三是放肆作恶，刚愎自用，对待诸侯没有礼貌，那是使自己身亡的成因。四是不致力于治理国政而爱好音乐，那是使自己陷于困境的事情。五是贪婪固执、利迷心窍，那是亡国杀身的祸根。六是沉迷于歌女，不顾国家的政事，那就有国家灭亡的祸害。七是离开朝廷到远处游玩而对劝谏的大臣不加理睬，那是危害自身的做法。八是犯了错误而不听忠臣的劝告，一意孤行，那是丧失崇高的名声而被人讥笑的开始。九是对内不衡量一下自己的力量，而去依靠外国诸侯，那就有国土被割削的祸患。十是国家弱小而没有礼貌，又不听大臣的劝谏，那就有断绝后嗣的危险。

奚谓小忠？昔者楚共王与晋厉公战于鄢陵[1]，楚师败，而共王伤其目。酣战之时，司马子反渴而求饮[2]，竖谷阳操觞酒而进之[3]。子反曰："嘻！退！酒也。"谷阳曰："非酒也。"子反受而饮之。子反之为人也，嗜酒，而甘之，弗能绝于口而醉。战既罢，共王欲复战，令人召司马子反，司马子反辞以心疾。共王驾而自往，入其幄中，闻酒臭而还[4]，曰："今日之战，不榖亲伤。所恃者，司马也，而司马又醉如此，是亡楚国之社稷而不恤吾众也[5]。不榖无复战矣。"于是还师而去，斩司马子反以为大戮。故竖谷阳之进酒，不以雠子反也，其心忠爱之而适足以杀之。故曰：行小忠，则大忠之贼也。

【注释】

1楚共王：名审，春秋时楚国君主。晋厉公：名州蒲，又名寿曼，春秋时晋国君主。鄢陵：郑国地名，位于今河南省鄢陵县西北。公元前575年，晋国和楚国曾在鄢陵大战，晋国获胜。

2司马：掌管军政的官。子反：楚国公子，名侧，字子反。

3竖：年轻的仆人。

4臭：气味。

5亡：通"忘"。

【译文】

什么叫作对私人的小忠？过去楚共王和晋厉公在鄢陵打仗，楚国的军队战败了，而楚共王伤了自己的眼睛。当战斗最激烈的时候，楚国的司马子反口渴了要水喝，童仆谷阳拿了杯酒进献给子反。子反说："呸！拿下去！这是酒啊。"
谷阳说："这不是酒。"子反就接过来把它喝了。子反这个
人生性喜爱喝酒，因而觉得这酒很甜美，不能停嘴而喝醉了。
战斗已经结束了，楚共王想再战，派人去叫司马子反，司马
子反用患有心病的理由加以推辞。楚共王乘着马车亲自去了，
走进他的帐幕中，闻到酒的气味便回去了，说："今天的战斗，
我自身也受伤了。所要依靠的，就是司马，而司马又醉成这样，
这是忘记了楚国的国家大业而不爱惜我的部下啊。我不再打
仗了。"于是退兵而去，杀了司马子反把他陈尸示众。所以
童仆谷阳的献酒，并不是因为仇恨子反，他的内心对子反是
很忠诚热爱的，但恰恰是因此把子反给害了。所以说：奉行
对私人的小忠，那是对大忠的一种戕害。

奚谓顾小利？昔者晋献公欲假道于虞以伐虢[1]。苟息
曰[2]："君其以垂棘之璧与屈产之乘赂虞公[3]，求假道焉，
必假我道。"君曰："垂棘之璧，吾先君之宝也；屈产之
乘，寡人之骏马也。若受吾币不假之道，将奈何？"苟息
曰："彼不假我道，必不敢受我币。若受我币而假我道，
则是宝犹取之内府而藏之外府也，马犹取之内厩而著之
外厩也。君勿忧。"君曰："诺。"乃使苟息以垂棘之
璧与屈产之乘赂虞公而求假道焉。虞公贪利其璧与马而
欲许之。宫之奇谏曰[4]："不可许。夫虞之有虢也，如车

之有辅[5]。辅依车，车亦依辅，虞、虢之势正是也。若假之道，则虢朝亡而虞夕从之矣。不可，愿勿许。"虞公弗听，遂假之道。荀息伐虢，克之，还反[6]，处三年，兴兵伐虞，又克之。荀息牵马操璧而报献公，献公说曰[7]："璧则犹是也。虽然，马齿亦益长矣。"故虞公之兵殆而地削者，何也？爱小利而不虑其害。故曰：顾小利，则大利之残也。

【注释】

1 晋献公：名诡诸，春秋时晋国君主。虞：周文王时建立的诸侯国，姬姓，位于今山西平陆北。虢（guó）：指北虢，古国名，姬姓，位于今河南三门峡和山西平陆一带。

2 荀息：晋国大夫。

3 垂棘：晋国地名。屈产：晋国地名，位于今山西石楼东南。乘：指代马。

4 宫之奇：虞国的大夫。

5 辅：车子两旁绑在车轮外的直木，用来增强车辐的承载力。

6 反：通"返"。

7 说：通"悦"。

【译文】

什么叫作只顾小利？从前晋献公想向虞国借路去攻打虢国。荀息说：“大王如果用垂棘出产的玉璧与屈产的马匹去贿赂虞国的君主，再向他要求借路，那么他一定会把道路借给我们。”晋献公说：“垂棘出产的那玉璧，是我先祖的宝贝；屈产的马匹，是我使用的骏马。如果他接受了我们的礼物而不把道路借给我们，我们将怎么办呢？”荀息说：“他如果不把道路借给我们，那就一定不敢接受我们的礼物。如果他接受了我们的礼物而把道路借给我们，那么这宝玉就好像是从宫内的宝库中把它取出来而又把它藏到宫外的宝库里，那马就好像是从宫内的马棚里把它牵出来而又把它拴到宫外的马棚里。大王不要担忧。”晋献公说：“好。”于是就派荀息拿垂棘的玉璧和屈产的良马送给虞国的国君而向他请求借路。虞公贪图那玉璧与良马而想答应晋国的要求。大夫宫之奇劝谏说：“不能答应。虞国边上有个虢国，就好像车子有两旁的夹木一样。夹木依靠车子，车子也依靠夹木，虞、虢两国的形势正是这样。如果把道路借给晋国，那么虢国早上灭亡，而虞国在晚上也就会跟着它灭亡了。万万不能。请别答应。”虞公不听宫之奇的话，就把道路借给了晋国。荀息攻打虢国，攻克了它，回来后，过了三年，举兵攻打虞国，又攻克了它。荀息牵着骏马拿着玉璧来回报晋献公，献公高兴地说：“玉璧倒还是这样。尽管如此，马的年龄却也增加了。”那虞公兵力被摧毁、国土被割削的原因是什么呢？就是因为贪图小利而不想想它的害处。所以说：只顾小利，那是对大利的一种残害。

奚谓行僻？昔者楚灵王为申之会[1]，宋太子后至[2]，执而囚之；狎徐君[3]；拘齐庆封[4]。中射士谏曰[5]："合诸侯，不可无礼，此存亡之机也。昔者桀为有戎之会而有缗叛之[6]，纣为黎丘之蒐而戎、狄叛之[7]，由无礼也。君其图之！"君不听，遂行其意。居未期年[8]，灵王南游，群臣从而劫之。灵王饿而死乾溪之上[9]。故曰：行僻自用，无礼诸侯，则亡身之至也。

【注释】

1申：诸侯国名，位于今河南南阳北。

2宋太子：名佐，宋平公的儿子。

3狎：轻侮。徐：诸侯国名，地处今安徽省泗县一带。

4庆封：齐国的大夫。

5中射士：宫中的武职卫士。

6桀：名履癸，夏朝末代帝王，被商汤所灭。有：名词词头。有戎：国名，即"有仍"，在今山东济宁东南。有缗（mín）：部落名，在今山东金乡县南。

7纣：名受辛，商朝末代帝王，被周武王打败后自杀。黎丘：地名，位于今河南虞城北。蒐（sōu）：春天围猎，用来检阅军队。戎：中国古代西部的少数民族。狄：我国古代北部的少数民族。

8 期（jī）年：一周年。

9 乾溪：楚国地名，位于今安徽亳州东南。

【译文】

什么叫作作恶？从前楚灵王在申地举行诸侯集会，宋国的太子迟到了，便将他逮捕囚禁起来；又轻慢侮弄徐国的君主；还拘捕了齐国的庆封。楚国有个宫中卫士劝谏说："会合诸侯，不可以无礼，这是关系到国家存亡的关键。过去夏桀在有戎举行诸侯的集会而有缗背叛了他，商纣王在黎丘举行围猎检阅诸侯而戎、狄背叛了他，这都是由于无礼的缘故啊。大王还是好好考虑考虑吧！"楚灵王不听，还是按照自己的意思去做。过了不到一年，楚灵王到南方去游览视察，群臣跟从着而劫持了他，灵王便饿死在乾溪边上。所以说：放肆作恶，刚愎自用，对待诸侯没有礼貌，那是使自己身亡的原因。

奚谓好音？昔者卫灵公将之晋[1]，至濮水之上[2]，税车而放马[3]，设舍以宿。夜分，而闻鼓新声者而说之[4]，使人问左右，尽报弗闻。乃召师涓而告之曰[5]："有鼓新声者，使人问左右，尽报弗闻。其状似鬼神，子为我听而写之[6]。"师涓曰："诺。"因静坐抚琴而写之。师涓明日报曰："臣得之矣，而未习也，请复一宿习之。"

灵公曰：“诺。”因复留宿。明日而习之，遂去之晋。

晋平公觞之于施夷之台[7]。酒酣，灵公起。公曰：“有新声，愿请以示。”平公曰：“善。”乃召师涓，令坐师旷之旁[8]，援琴鼓之。未终，师旷抚止之，曰：“此亡国之声，不可遂也。”平公曰：“此道奚出？”师旷曰：“此师延之所作，与纣为靡靡之乐也。及武王伐纣，师延东走，至于濮水而自投。故闻此声者，必于濮水之上。先闻此声者，其国必削，不可遂。”平公曰：“寡人所好者，音也，子其使遂之。”师涓鼓究之。

平公问师旷曰：“此所谓何声也？”师旷曰：“此所谓清商也[9]。”公曰：“清商固最悲乎？”师旷曰：“不如清徵。”公曰：“清徵可得而闻乎？”师旷曰：“不可。古之听清徵者，皆有德义之君也。今吾君德薄，不足以听。”平公曰：“寡人之所好者，音也，愿试听之。”师旷不得已，援琴而鼓。一奏之，有玄鹤二八，道南方来[10]，集于郎门之垝[11]；再奏之而列；三奏之，延颈而鸣，舒翼而舞，音中宫商之声，声闻于天。平公大说[12]，坐者皆喜。

平公提觞而起为师旷寿，反坐而问曰[13]：“音莫悲于清徵乎？”师旷曰：“不如清角。”平公曰：“清角可得而闻乎？”师旷曰：“不可。昔者黄帝合鬼神于泰山之上，驾象车而六蛟龙，毕方并辖[14]，蚩尤居

前 [15]，风伯进扫，雨师洒道，虎狼在前，鬼神在后，腾蛇伏地 [16]，凤皇覆上，大合鬼神，作为清角。今主君德薄 [17]，不足听之。听之，将恐有败。"平公曰："寡人老矣，所好者音也，愿遂听之。"师旷不得已而鼓之。一奏而有玄云从西北方起；再奏之，大风至，大雨随之，裂帷幕，破俎豆，隳廊瓦。坐者散走，平公恐惧，伏于廊室之间。

晋国大旱，赤地三年。平公之身遂癃病。

故曰：不务听治，而好五音不已，则穷身之事也。

【注释】

1 卫灵公：名元，春秋时卫国君主，公元前 534—前 493 年在位。

2 濮水：古代水名，在今河南东北部，今已不存。

3 税：通"脱"，解开。

4 说：通"悦"。

5 师涓：卫国的乐师，名涓。

6 写：仿效。

7 晋平公：名彪，春秋时晋国君主，公元前 557—前 532 年在位。施夷：晋国地名。位于今山西曲沃西。

8 师旷：字子野，春秋时期晋国的乐师，善于辨音。

9 清：纯正。清商：指以纯正的商音为主音的乐曲。

10 道：由。

11 郎：通"廊"。

12 说：通"悦"。

13 反：通"返"。

14 辖：车轴两端的插销。

15 蚩尤：古代九黎族首领。

16 腾蛇：也作"螣蛇"，传说中的神蛇。

17 主：当作"吾"。

【译文】

什么叫作沉迷音乐？从前卫灵公将要到晋国去，来到濮水边上，卸下车驾，放马休息，布置了住处来过夜。夜半，他听见有人弹奏新的乐曲，便爱上了它，派人去问左右的侍从，都回报说没有听见。于是就把师涓召来而告诉他说："有人在弹奏新的乐曲，我派人问左右的侍从，都回报说没有听见。那样子好像是鬼神弹出来的，您听了以后再把它模拟出来吧。"师涓说："好。"便静静地坐着抚弄琴弦来模仿它。师涓第二天回报说："我已经把它学到了，但还没有熟练，请让我再练一夜。"灵公说："好。"就又住了一夜。到次日，师涓熟悉了这乐曲，就出发到晋国去。

晋平公在施夷的高台上设酒宴来招待他们。酒喝得正畅快的时候，卫灵公站起来了。他说："有一支新的乐曲，我希望给大家听听。"晋平公说："好。"于是就召来师涓，叫他坐在晋平公的乐师师旷的旁边，把琴拿过来弹奏这曲调。乐曲还没有弹完，师旷便按住琴弦阻止师涓说："这是亡国的音乐，不可以把它弹完。"晋平公说："你这道理是从哪里来的？"师旷说："这是商纣王的乐师师延制作的曲子，是他给商纣王制作的颓废淫荡的音乐。到周武王讨伐商纣王的时候，师延向东逃跑，来到濮水便自己投水死了。所以听到这支乐曲的人，一定是在濮水的边上。先听到这曲调的人，他的国家一定会削弱，所以这曲调不可以弹完。"晋平公说："我所爱好的就是音乐。您还是让他把这曲子弹完吧。"师涓弹完了这曲子。

晋平公问师旷说："这是平常所说的什么乐调呢？"师旷说："这就是所谓的清商乐调。"晋平公说："清商的乐调真是最悲凉的吗？"师旷说："还不及清徵悲凉。"晋平公说："清徵的乐调可以弹出来听听吗？"师旷说："不可以。古代听清徵乐调的，都是有德行道义的君主。现在您的德行还浅薄，还不能听这乐调。"晋平公说："我所爱好的就是音乐。请让我听它一下试试看。"师旷不得已，就拿过琴来弹奏。把它弹了一遍，便有十六只黑色的仙鹤从南方飞来，聚集在游廊门上的屋脊上；把它弹了第二遍，这些仙鹤便排列成行；把它弹了第三遍，这些仙鹤便伸长了脖子鸣叫，张开了翅膀跳舞，它们的叫声合乎悦耳动听的宫调和商调的音乐声，叫声响彻云霄。晋平公十分喜悦，在座的人也都很高兴。

晋平公拿着酒杯站起来给师旷祝寿，回到座位上后又问道："乐调没有比清徵更悲凉的吗？"师旷说："清徵还不及清角悲凉。"晋平公说："清角可以弹出来听听吗？"师旷说："不可以。从前黄帝在泰山的顶上会合鬼神，驾着象牙装饰的车子，而用六条蛟龙拉车，木神毕方护在车辖的两旁，蚩尤在前面开路，风神向前扫除尘土，雨神接着清洗道路，虎狼在前面，鬼神在后面，腾蛇趴在地下，凤凰在上面飞翔，为了这样大规模地会合鬼神，制作成清角的乐调。现在您的德行浅薄，还不能够听它。如果听了这种乐调，恐怕会有损害的。"晋平公说："我老了，所爱好的就是音乐。请让我把它听个够吧。"师旷不得已，便弹奏这乐调。弹了一遍，便有黑色的云从西北方升起来；弹了第二遍，狂风刮来，大雨随着狂风而下，吹裂了帐幕，打破了碗具，摔毁了廊屋上的瓦片。在座的人都四散逃跑，晋平公惊恐害怕，趴在走廊和内室之间。

晋国大旱，一连三年田地都光光的不长一根草。晋平公也因此瘫痪了。

所以说：不致力于治理国政而爱好音乐没个完，那是使自己陷于困境的事情。

奚谓贪愎？昔者智伯瑶率赵、韩、魏而伐范、中行，

灭之[1]。反归，休兵数年，因令人请地于韩。韩康子欲勿与[2]，段规谏曰："不可不与也。夫知伯之为人也，好利而骜愎[3]。彼来请地而弗与，则移兵于韩必矣。君其与之！与之，彼狃[4]，又将请地他国。他国且有不听，不听则知伯必加之兵。如是，韩可以免于患而待其事之变。"康子曰："诺。"因令使者致万家之县一于知伯。知伯说，又令人请地于魏。宣子欲勿与[5]，赵葭谏曰："彼请地于韩，韩与之。今请地于魏，魏弗与，则是魏内自强，而外怒知伯也。如弗予，其措兵于魏必矣。不如予之。"宣子诺，因令人致万家之县一于知伯。知伯又令人之赵请蔡、皋狼之地[6]，赵襄子弗与[7]。知伯因阴约韩、魏将以伐赵。襄子召张孟谈而告之曰："夫知伯之为人也，阳规而阴疏。三使韩、魏而寡人不与焉，其措兵于寡人必矣。今吾安居而可？"张孟谈曰："夫董阏于[8]，简主之才臣也[9]，其治晋阳，而尹铎循之，其余教犹存，君其定居晋阳而已矣。"君曰："诺。"乃召延陵生，令将车骑先至晋阳，君因从之。君至，而行其城郭及五官之藏。城郭不治，仓无积粟，府无储钱，库无甲兵，邑无守具。襄子惧，乃召张孟谈曰："寡人行城郭及五官之藏，皆不备具，吾将何以应敌？"张孟谈曰："臣闻圣人之治，藏于臣，不藏于府库，务修其教，不治城郭。君其出令，令民自遗三年之食，有余粟者入之仓；遗三年之用，有余钱者入之府；遗有奇人者使治城郭之缮。”君夕出令，明日，仓不容粟，府无积钱，库不受甲兵。居五日而城郭已治，守备已具。君召张孟谈而问之曰：“吾城郭已治，守备已具，钱粟已足，甲兵有余。吾奈无箭何？”张孟谈曰：“臣闻董子之治晋阳也，公宫之垣皆以荻蒿楛楚墙之 [10]，其高至于丈，君发而用之，有余箭矣。”于是发而试之，其坚则虽菌干之劲弗能过也 [11]。君曰：“吾箭已足矣，奈无金何？”张孟谈曰：“臣闻董子治晋阳也，公宫公舍之堂，皆以炼铜为柱质。君发而用之。”于是发而用之，有余金矣。号令已定，守备已具，三国之兵果至。至则乘晋阳之城，遂战。三月弗能拔。因舒军而围之，决晋阳之水以灌之，围晋阳三年。城中巢居而处，悬釜而炊，财食将尽，士大夫羸病。襄子谓张孟谈曰：“粮食匮，财力尽，士大夫羸病，吾恐不能守矣！欲以城下，何国之可下？”张孟谈曰：“臣闻之：亡弗能存，危弗能安，则无为贵智矣。君释此计者。臣请试潜行而出，见韩、魏之君。”张孟谈见韩、魏之君曰：“臣闻：唇亡齿寒。今知伯率二君而伐赵，赵将亡矣。赵亡，则二君为之次。”二君曰：“我知其然也。虽然，知伯之为人也，粗中而少亲，我谋而觉，则其祸必至矣。为之奈何？”张孟谈曰：“谋出二君之口而入臣之耳，人莫之知也。”二君因与张孟谈约三军之反，与之期日。夜遣孟谈入晋阳，以报二君之反。襄子迎孟谈而再拜之，且恐且喜。二君以约遣张孟谈，因朝知伯而出，遇智过于辕门之外。智过怪其色，因入见知伯曰："二君貌将有变。"君曰："何如？"其行矜而意高，非他时之节也，君不如先之。"君曰："吾与二主约谨矣，破赵而三分其地，寡人所以亲之，必不侵欺。兵之著于晋阳三年，今旦暮将拔之而向其利，何乃将有他心？必不然。子释勿忧，勿出于口。"明旦，二主又朝而出，复见智过于辕门。智过入见曰："君以臣之言告二主乎？"君曰："何以知之？"曰："今日二主朝而出，见臣而其色动，而视属臣。此必有变，君不如杀之。"君曰："子置勿复言。"智过曰："不可。必杀之；若不能杀，遂亲之。"君曰："亲之奈何？"智过曰："魏宣子之谋臣曰赵葭，韩康子之谋臣曰段规，此皆能移其君之计。君与其二君约，破赵国，因封二子者各万家之县一。如是，则二主之心可以无变矣。"知伯曰："破赵而三分其地，又封二子者各万家之县一，则吾所得者少。不可。"智过见其言之不听也，出，因更其族为辅氏。至于期日之夜，赵氏杀其守堤之吏而决其水灌知伯军。知伯军救水而乱，韩、魏翼而击之，襄子将卒犯其前，大败知伯之军而擒知伯。知伯身死军破，国分为三，为天下笑。故曰：贪愎好利，则灭国杀身之本也。

【注释】

1 智伯：人名。荀氏，名瑶，谥智襄子，所以史称"智氏""智伯"，是智文子荀跞的孙子，春秋末期晋国六卿之一，势力最大。

2 韩康子：人名，春秋时期韩国君主。

3 骜：通"傲"。这里用为骄傲之意。

4 狃：这里用为习惯、习以为常之意。

5 宣子：人名。晋国的卿大夫。名驹。亦作"魏桓子"。

6 蔡：晋国地名。皋狼：晋国地名，位于今山西离石西北。

7 赵襄子：人名。春秋末期赵国的卿大夫。赵简子的儿子。

8 董阏于：即董安于，春秋时期晋国人，晋卿赵鞅的家臣。晋国内乱，董安于力劝赵鞅要及早防备晋卿范氏、中行氏的进攻，未能被赵鞅采纳。晋卿智伯发现董安于的才干，怕他对己不利，于是威逼赵鞅迫使董安于自杀。

9 简主：即赵简子，赵襄子的父亲。

10 荻：多年生草本植物，生在水边，叶子长形，似芦苇，秋天开紫花。蒿：植物，青蒿之意。楛（hù）：植物名。楚：植物名。

11 茵干：一种细长节稀的美竹，可做箭干。

【译文】

什么叫作贪心固执？过去智伯瑶率领赵、韩、魏三族去讨伐范、中行，灭掉了他们。返回来，休兵数年，就派人向韩要求割让土地。韩康子想不给，段规劝谏说："不能不给。智伯的为人，贪图利益而傲慢固执。他来要求土地，假如不给他，就一定会向韩国派兵。您最好还是给他土地。给他土地，他就会习以为常，又向别国要地。别国将有不听从的，如不听从，智伯就一定会对其用兵。这样，韩国就可以避免祸患而等待事情的转机。"韩康子说；"好吧。"就派使者把一个有万户人家的县送给智伯。智伯高兴了，又派人向魏国要地。魏宣子想不给，赵葭劝谏说："他向韩要地，韩给了他。现在向魏要地，魏国假如不给，就是魏国在内自恃强大，在外激怒智伯。假如不给，他一定会对魏国用兵。不如给他。"宣子说："好吧。"就叫人把一个有万户人家的县送给智伯。智伯又派人到赵国要求割让蔡和皋狼两处土地，赵襄子不给。智伯就暗中约好韩、魏准备去讨伐赵国。襄子召来张孟谈，告诉他说："智伯的为人，表面亲善而暗地疏远。他三次去访韩、魏，而不和我来往，他向我用兵是必然的了。现在我该到哪里居住才行呢？"张孟谈说："董阏于是君父赵简子手下的才臣，他曾治理晋阳，后来尹锋继承他的遗业治理晋阳，董阏于的教化仍然存在。您到晋阳去定居就可以了。"赵襄子说："好吧。"就召来延陵生，让他带着车马先到晋阳，襄子接着去了。襄子到了晋阳，巡视内城外郭以及各种职官的储藏。城郭没有修缮，粮仓没有积蓄，钱府没有储备，兵库没有武器，城邑没有守具。襄子害怕了，就召来张孟谈说：

“我巡视城郭以及各种职官的储藏，都不完备，我将凭什么对付敌人？”张孟谈说：“我听说圣人治理国家，收藏全在民间，不在国家府库，努力搞好教化而不单纯修缮城郭。您不妨发出命令，让百姓自己留足三年的口粮，有余粮的收进粮仓；留足三年的用度，有余钱的收进官府；剩下的闲散人员让他们去完成城郭的修缮。”赵襄子晚上就下达命令，第二天，谷仓里的粮食装不下了，官府里的钱堆不下了，兵库里的武器放不下了。过了五天，城郭便已修缮坚固，守备已经完成。襄子召来张孟谈，问他说：“我的城郭已修缮，守备已齐备，钱粮已充足，武器有余，但我没箭怎么办？”张孟谈说：“我听说董阏于治理晋阳时，卿大夫的住处都用荻、蒿、楛、楚等植物作墙，楛竿有的高达一丈。您不妨削出用来制箭，箭就足够使用了。”于是削出试着制箭，它的坚硬程度即使像菌干这样坚硬的竹子也不能相比。襄子说：“我的箭已足够了。但没铜可怎么办？”张孟谈说：“我听说董阏于治理晋阳时，卿大夫、地方官住处的厅堂都用炼好的铜做成的梁柱，您不妨取出一用。”于是取出来用，有富余的铜了。号令已经制定，守备也已完善，三家的军队果然到了，到后就开始攻打晋阳城，三个月不能攻克晋阳。三家军队就疏散开来包围了晋阳城，掘开晋阳之水来灌晋阳城。围困晋阳三年，城中居民在高处营巢而居，吊锅烧饭，财物食品即将耗尽，官员也体弱多病。襄子告诉张孟谈说：“粮食匮乏，财力用尽，官员体弱多病我怕不能守住城了，我准备开城投降，可是向哪个国家投降好呢？"张孟谈说："我听说，不能使灭亡转变为生存，不能使危险转变为安全，就没有必要尊重有才智的人了。您放弃这个打算吧，就让我试着偷偷出城，去见韩、魏的君主。"张孟谈拜见韩、魏之君说："我听说唇亡齿寒。现在智伯率二位君主来伐赵，赵国将灭亡了。赵灭亡后，韩、魏就会跟着灭亡。"二位君主说："我们知道会是这样。尽管如此，但智伯的为人，内心粗暴而少仁爱。我们谋划的事若被他察觉，灾祸就一定来临，怎么办？"张孟谈说："计谋从你们嘴巴里出来进入我耳朵里，没有人会知道的。"两位君主于是和张孟谈约好三家军队共同反对智伯，和他们约好了时间。夜里派张孟谈回到晋阳，去报告韩、魏反戈的情况。襄子迎接张孟谈并拜了两拜，又担心又高兴。韩、魏二君在已约好并遣返张孟谈后，接着就朝见智伯，外出时，在军营门外碰到了智过。智过对他们的反常脸色感到奇怪，就进见智伯说："韩、魏二君的样子说明将有变故。"智伯说："怎么说？"智过说："他们行为傲慢而意气高扬，不像平时的样子，您不如先下手吧。"智伯说："我和他们约定很有诚意，打下赵国而三分赵地，我这样和他们友好，一定不相侵害欺骗。军队驻扎在晋阳已有三年，现在早晚将攻下来占得利益。怎么还会有别的打算？一定不会这样。你放心，不用担忧。不要多说这件事了。"第二天早上，韩、魏二君又朝见，智伯外出，在军营门外又碰见智过。智过进见说："您把我的话告诉二君了吗？"智伯说："你怎么知道的？"智过说："今天二君朝见后出门，见到我而脸色有变，并用眼睛盯我。这一定会有变故，您不如杀了他们。"智伯说："你不要再说了。"智过说："不行，一定要杀掉他们。如果不能杀，就亲近他们。"智伯说："怎么样亲近他们？"智过说："魏宣子的谋臣叫赵葭，韩康子的谋臣叫段规，这两个人都能改变他们君主的计谋。您还是和韩、魏二君约好，攻下赵国，就封赵葭、段规每人一个万户人家的县邑。这样一来，二君的心思就可以不变了。"智伯说："攻下赵国而三分其地，又封这两个人万户人家的县邑各一个，那么我得到的就很少了。不行。"智过见他的话不被采纳，就出走了，并把他的家族改姓辅氏。到了约定日子的晚上，赵人杀掉智伯的守堤官，掘开堤口将水灌进智伯的军营。智伯军队救水引起混乱，韩、魏军队从两旁进攻，赵襄子率领士卒在正面冲杀，大败了智伯的军队并捉住了智伯。智伯被杀死，军队也被打败了，国家一分为三，被天下人所耻笑。所以说，贪心固执喜欢私利，是亡国杀身的本源。

奚谓耽于女乐？昔者戎王使由余聘于秦[1]，穆公问之曰[2]："寡人尝闻道而未得目见之也，愿闻古之明主得国失国何常以？"由余对曰："臣尝得闻之矣，常以俭得之，以奢失之。"穆公曰："寡人不辱而问道于子，子以俭对寡人，何也？"由余对曰："臣闻昔者尧有天下[3]，饭于土簋[4]，饮于土铏[5]，其地南至交趾[6]，北至幽都[7]，东西至日月之所出入者，莫不宾服[8]。尧禅天下，虞舜受之[9]，作为食器，斩山木而财之[10]，削锯修其迹，流漆墨其上，输之于宫以为食器，诸侯以为益侈，国之不服者十三。舜禅天下而传之于禹[11]，禹作为祭器，墨染其外，而朱画其内，缦帛为茵[12]，蒋席颇缘[13]，觞酌有采[14]，而樽俎有饰[15]，此弥侈矣，而国之不服者三十三。夏后氏没，殷人受之，作为大路[16]，而建九旒[17]，食器雕琢，觞酌刻镂，四壁垩墀[18]，茵席雕文，此弥侈矣，而国之不服者五十三。君子皆知文章矣，而欲服者弥少。臣故曰：俭其道也。"由余出，公乃召内史廖而告之，曰："寡人闻邻国有圣人，敌国之忧也。今由余，圣人也，寡人患之，吾将奈何？"内史廖曰："臣闻戎王之居，僻陋而道远，未闻中国之声。君其遗之女乐[19]，以乱其政，而后为由余请期，以疏其谏。彼君臣有间，而后可图也。"君曰："诺。"乃使史廖以女乐二八遗戎王，因为由余请期。戎王许诺，见其女乐而说之，设酒张饮，日以听乐，终岁不迁，牛马半死。由余归，因谏戎王，戎王弗听，由余遂去之秦。秦穆公迎而拜之上卿，问其兵势与其地形，既以得之，举兵而伐之，兼国十二，开地千里。故曰：

耽于女乐，不顾国政，亡国之祸也。

【注释】

1 戎王：古代戎族首领。聘：这里用为访问、探问之意。

2 穆公：春秋时期秦国君主。

3 尧：这里用指为中国古代传说中的帝王。

4 簋（guǐ）：这里用为"容器"之意。

5 铏（xíng）：古代盛汤水的鼎，两耳三足，有盖，常用于祭祀。

6 交趾：越南古名。

7 幽都：古地名。

8 宾：这里用为服从、归服之意。

9 虞舜：中国传说中父系氏族社会后期部落联盟领袖。

10 财：这里用为"裁"之意。

11 禹：传说中国夏代的第一个君主，是远古夏部落领袖。

12 缦：这里用为无花纹的丝织品之意。茵：这里用为车坐垫之意。文茵：有花纹，绣过的车垫子。

13 蒋：植物名。缘：这里用为装饰衣物边缘之意。

14 觞：古代盛酒器具。

15 樽：中国古代的盛酒器具。俎：为供祭祀或宴会时用的四脚方形青铜盘或木漆盘，常陈设牛羊肉。

16 路：通"辂"。这里用为大车之意。

17 旒（liú）：这里用指旗子下边悬垂的饰物之意。

18 垩：白色土，可用来粉饰墙壁。墀：台阶。

19 遗（wèi）：这里用为给予、馈赠之意。

【译文】

什么叫作沉溺于女子歌舞？过去戎王派由余对秦国进行国事访问，穆公问他说："我曾听说治国之道而未能亲眼见过实例，希望听听古代君主得国失国都是什么原因。"由余回答说："我曾经听说过了，通常因为俭朴得国，因为奢侈失国。"穆公说："我不耻下问而向你打听治国之道，你用俭朴来回答我，为什么？"由余回答说："我听说过去尧拥有天下，用土制的簋吃饭，用土制的铏喝水。他的领土南到交趾，北到幽都，东西到达日月升落的地方，天下没有不臣服的。尧禅让天下，虞舜接受下来，所做的食具，都是砍伐山上树木制作成的，削锯成器，修整痕迹，在上面涂上漆和墨，送到宫里作为食器。诸侯认为太奢侈，不臣服的国家有十三个。虞舜禅让天下，传给夏禹，夏禹所做的祭器，在外面染墨，里面绘上红色，缦帛做车垫，草席饰有斜纹边缘，杯勺有花纹，酒器有装饰。这就更加奢侈了，而不臣服的国家有三十三个。夏王朝灭亡，殷商接受天下，所做的大辂，旗子上装有九条飘带，食器雕琢，杯勺刻镂，白色的墙壁和台阶，垫席织成花纹。这就更加奢侈了，而不臣服的国家就有了五十三个。

君主都注重文彩华丽了，而愿意臣服的国家就越来越少。所以我说，节俭是治国的原则。"由余出去后，穆公就召来内史廖，告诉他说："我听说邻国有圣人，是势力相等国家的忧患。现在由余就是个圣人，我很担心。我将怎么办？"内史廖说："我听说戎王居住的地方，荒僻简陋而道路遥远，没听过中原的声乐。您不妨赠给他女子歌舞，去扰乱他的政事，然后替由余请求延长回国的时间，来疏远由余的劝谏。他们君臣有了隔阂，然后就可以谋取了。"穆公说："好吧。"就派内史廖把十六个歌女赠送给戎王，趁机替由余请求延长回国的时间。戎王答应了，看到送去的歌女而感到高兴，安排酒席在帐篷中痛饮，每天听女乐，整年不迁徙，牛马没有水草吃，死了一半。由余回国，马上劝谏戎王，戎王不听，于是由余就离开戎国来到秦国。秦穆公迎接他并拜他为上卿，向由余询问戎的兵力情况和地理形势。穆公了解了这些情况，出兵攻打戎国，兼并了十二个国家，开辟一千里土地的疆域。所以说，沉溺于女子歌舞，不关心国家政事，是亡国的祸害。

奚谓离内远游？ 昔者齐景公游于海而乐之[1]，号令诸大夫曰："言归者死。"颜涿聚曰："君游海而乐之，奈臣有图国者何？君虽乐之，将安得？"齐景公曰："寡人布令曰'言归者死'，今子犯寡人之令。"援戈将击之。颜涿聚曰："昔桀杀关龙逢而纣杀王子比干[2]，今君虽杀臣之身以三之可也。臣言为国，非为身也。"延颈而前曰：
"君击之矣！"君乃释戈，趣驾而归。至三日，而闻国
人有谋不内齐景公者矣[3]。齐景公所以遂有齐国者，颜涿
聚之力也。故曰：离内远游，则危身之道也。

【注释】

1 齐景公：春秋时齐国的国君。

2 桀：夏朝末代君主，相传是个暴君。关龙逢：夏桀王
的臣子，因谏诤夏桀王而被杀。比干：商代贵族，纣王叔父，
官少师。相传因屡谏纣王，被剖心而死。

3 内：这里用为接纳之意。

【译文】

什么叫作离开朝廷到远方游玩？过去齐景公到渤海游玩，
非常高兴，下令给诸大夫说："要是有人进言要求回去的处
死。"颜涿聚说："您来海上游玩得开心，然而臣子中有图
谋篡国的人该怎么办？您现在虽然快乐，到那时你还能得到
这种快乐吗？"齐景公说："我下令说谈论回去的就处死。
现在你违犯了我的命令。"拿起戈来就要击杀。颜涿聚说："过
去夏桀杀了关龙逢，商纣杀了王子比干，现在您即使杀死我，
把我和关龙逢、比干凑成三个也是可以的。我说话是为国家，
不是为了自身。"他伸着脖子上前说："您杀了我吧！"齐

景公便放下戈催促驾车赶了回去。回去三天以后，就听说都城里有人图谋不让景公回城的了。齐景公之所以能继续统治齐国，靠的是颜涿聚出了力。所以说，离开朝廷到远方游玩，是使自己面临危害的做法。

　　奚谓过而不听于忠臣？昔者齐桓公九合诸侯，一匡天下[1]，为五伯长[2]，管仲佐之。管仲老，不能用事，休居于家。桓公从而问之曰：“仲父家居有病，即不幸而不起，政安迁之？”管仲曰：“臣老矣，不可问也。虽然，臣闻之知臣莫若君，知子莫若父。君其试以心决之。”君曰：“鲍叔牙何如[3]？”管仲曰：“不可。鲍叔牙为人，刚愎而上悍[4]。刚则犯民以暴，愎则不得民心，悍则下不为用。其心不惧，非霸者之佐也。”公曰：“然则竖刁何如[5]？”管仲曰：“不可。夫人之情，莫不爱其身。公妒而好内，竖刁自獖以为治内[6]。其身不爱，又安能爱君？”曰：“然则公子开方何如[7]？”管仲曰：“不可。齐、卫之间不过十日之行，开方为事君，欲适君之故，十五年不归见其父母，此非人情也。其父母之不亲也，又能亲君乎？”公曰：“然则易牙何如[8]？”管仲曰：“不可。夫易牙为君主味，君之所未尝食，唯人肉耳，易牙蒸其子首而进之，君所知也。人之情莫不爱其子，今蒸其子以为膳于君，其子弗爱，又安能爱君乎？”公曰：“然则孰可？"管仲曰："隰朋可[9]。其为人也，坚中而廉外，少欲而多信。夫坚中，则足以为表；廉外，则可以大任；少欲，则能临其众[10]；多信，则能亲邻国。此霸者之佐也，君其用之。"君曰："诺。"居一年余，管仲死，君遂不用隰朋而与竖刁。刁莅事三年，桓公南游堂阜，竖刁率易牙、卫公子开方及大臣为乱。桓公渴馁而死南门之寝、公守之室，身死三月不收，虫出于户。故桓公之兵横行天下，为五伯长，卒见弑于其臣，而灭高名，为天下笑者，何也？不用管仲之过也。故曰：过而不听于忠臣，独行其意，则灭其高名为人笑之始也。

【注释】

1 匡：这里用为扶正之意。

2 五伯：五伯即指五霸。

3 鲍叔牙：春秋时期齐国的大臣。

4 悍：这里用为勇猛之意。

5 竖刁：人名。齐桓公宠爱的僮仆。

6 獩：这里用为阉割之意。

7 开方：人名。卫国君主的公子，在齐国做官，得到齐桓公宠信。

8 易牙：齐桓公的近侍，一位善烹调的人。

9 隰朋：春秋时期齐国的大臣。

10 临：统率。

【译文】

什么叫作有过错却不听忠臣劝谏？过去齐桓公多次会合诸侯，匡正天下，为五霸之首，管仲辅佐他。管仲老了，不能执政，安居在家。桓公去问他说："您在家病着，假若不幸一病不起，政事移交给谁？"管仲说："我老了，经不起问事了。虽然这样，我听说，了解臣下的莫过于君主，了解儿子的莫过于父亲。您不妨试着按自己想法来决定吧。"桓公说："鲍叔牙怎么样？"管仲说："不行。鲍叔牙为人刚烈任性而崇尚凶悍。刚烈就会粗暴地侵扰民众，任性就得不到民心，凶悍了臣民就不听他使唤。他的心思无所畏惧，不是霸主的好帮手。"桓公说："那么竖刁怎样？"管仲说："不行。人之常情没有不爱惜自己身体的。您生性嫉妒而爱好女色，竖刁把自己阉割了来管理宫内事务。他连自己的身体都不爱惜，又怎么能爱惜君主呢？"桓公说："那么卫公子开方怎么样？"管仲说："不行。齐、卫之间相距不过十天的路程，开方为了侍奉君主，为了想迎合君主，十五年不回去看他的父母，这不合人之常情。他连父母都不亲近，还能亲近君主吗？"桓公说："那么易牙怎么样？"管仲说："不行。易牙为您主管伙食，您不曾吃过的只有人肉，易牙蒸了儿子的头进献给您，这是您知道的。人之常情没有不怜爱自己孩子的，现在蒸自己的儿子作为您的饭食，他连儿子都不怜惜，又怎能怜惜君主呢？"桓公说："那么谁行呢？"管仲说："隰朋可以。他为人心地坚贞而行为廉正，少有私欲而多能守信。心地坚贞，就足以作表率；行为廉正，就可以担重任；少有私欲，就能驾驭属下；多能守信，就能亲近邻国。他是霸主的好帮手，您最好是用他。"桓公说："好吧。"过了一年多，管仲死了，桓公便不用隰朋而用竖刁。竖刁掌管政事三年，桓公南游堂阜，竖刁率领易牙、卫公子开方以及大臣趁机作乱。桓公在南门寝宫守卫房屋里饥渴而死，死后三个月没人收葬，尸体上的蛆虫爬出了门外。所以，桓公的军队横行天下，桓公身为五霸之首，最终被臣下所杀，从而丧失了好名声，被天下人讥笑，为什么？是不听管仲忠告的过错。所以说，有过错却不听忠臣的劝谏，一意孤行，是丧失好名声并被人耻笑的开始。

　　奚谓内不量力？昔者秦之攻宜阳[1]，韩氏急。公仲朋谓韩君曰[2]："与国不可恃也，岂如因张仪为和于秦哉[3]？因赂以名都而南与伐楚，是患解于秦而害交于楚也。"公曰："善。"乃警公仲之行，将西和秦。楚王闻之[4]，惧，召陈轸而告之曰[5]："韩朋将西和秦，今将奈何？"陈轸曰："秦得韩之都一，驱其练甲，秦、韩为一以南乡楚[6]，此秦王之所以庙祠而求也，其为楚害

必矣。王其趣发信臣[7]，多其车、重其币以奉韩，曰：'不
榖之国虽小，卒已悉起，愿大国之信意于秦也[8]。因愿
大国令使者入境视楚之起卒也。'"韩使人之楚，楚王
因发车骑陈之下路[9]，谓韩使者曰："报韩君，言弊邑
之兵今将入境矣[10]。"使者还报韩君，韩君大悦，止公仲。
公仲曰："不可。夫以实告我者[11]，秦也；以名救我者，
楚也。听楚之虚言而轻诬强秦之实祸[12]，则危国之本也。"
韩君弗听，公仲怒而归，十日不朝。宜阳益急，韩君令
使者趣卒于楚[13]，冠盖相望而卒无至者。宜阳果拔，为
诸侯笑。故曰：内不量力，外恃诸侯者，则国削之患也。

【注释】

1 宜阳：韩国地名，在今河南宜阳西。

2 公仲朋：韩宣惠王的相国。韩君：指韩宣惠王。

3 张仪：战国时魏国人，当时为秦惠文王的相国。

4 楚王：指楚怀王。

5 陈轸：游说之士。

6 乡：通"向"。

7 趣：通"促"。

8 信：通"申"。

9 下路：即夏路，楚国通向北方的大路。

10 弊：通"敝"。

11 告：当为"害"字之误。

12 诬：欺骗，引申指不实事求是地看待。

13 趣：通"促"。

【译文】

什么叫作对内不衡量一下自己的力量？从前秦国攻打韩国的宜阳，韩国很危急。公仲朋对韩宣惠王说："盟国靠不住，咱们怎么能像他们一样通过张仪去和秦国讲和呢？用一个著名的大城去贿赂秦国而和秦国一起向南讨伐楚国，这样就从解除了自身的祸患而祸害集中到楚国那里了。"韩王说："好。"于是隆重地准备好公仲朋出使的事，要派他到西方去和秦国讲和。楚王听说了这件事十分害怕，便召见陈轸而告诉他说："韩国的公仲朋将到西方和秦国讲和，现在该怎么办？"陈轸说："秦国得到韩国的一座大城，驱使它的精锐部队，秦国、韩国抱成一团向南来攻打楚国，这是秦王在宗庙中祭祀而祈求的事，它必定会成为楚国的祸害了。您还是赶快派出可以信任的臣子，给他们多一些车子，带上贵重的礼品，奉献给韩国，对韩王说：'敝人的国家虽然小，但士兵已经全部调动起来准备救贵国了，希望贵国不要委曲自己的意志向秦国求和。为此，请贵国派使者到我们国境里来视察一下楚国所动员起来的士兵。'"韩国便派人到楚国去，楚王就调发了军车骑兵，把它们排列在韩国使者所要经过的楚国通往北方的道路旁，对韩国的使者说："请您去报告韩王，说敝国的军队今天将要进入韩国的国境了。"使者回去报告韩王，韩王十分高兴，便阻止公仲朋去向秦国求和。公仲朋说："不行。那用实力来危害我们的，是秦国；用空话来救援我们的，是楚国。听信楚国的空话而看轻无视强大的秦国所带来的实际祸患，那是危害国家的祸根啊。"韩王不听公仲朋的劝谏，公仲朋便愤怒地回家了，十天不上朝。宜阳更加危急了，韩王便命令使者到楚国去催促救兵，使者的帽子、车盖在路上络绎不断以至可以互相望得见，但救兵却没有到来。宜阳结果被攻破了，韩王也因而被诸侯们所讥笑。所以说：对内不衡量自己的力量，只是对外依靠诸侯，就会有国家土地被割削的祸患。

奚谓国小无礼？昔者晋公子重耳出亡[1]，过于曹[2]，曹君袒裼而观之[3]。釐负羁与叔瞻侍于前[4]。叔瞻谓曹君曰："臣观晋公子，非常人也。君遇之无礼，彼若有时反国而起兵[5]，即恐为曹伤[6]。君不如杀之。"曹君弗听。釐负羁归而不乐，其妻问之曰："公从外来而有不乐之色，何也？"负羁曰："吾闻之：'有福不及，祸来连我。'今日吾君召晋公子，其遇之无礼。我与在前[7]，吾是以不乐。"其妻曰："吾观晋公子，万乘之主也；其左右从者，万乘之相也。今穷而出亡，过于曹，曹遇之无礼。

此若反国，必诛无礼，则曹其首也。子奚不先自贰焉？”负羁曰：“诺。”盛黄金于壶，充之以餐，加璧其上，夜令人遗公子。公子见使者，再拜，受其餐而辞其璧。

公子自曹入楚，自楚入秦。入秦三年，秦穆公召群臣而谋曰：“昔者晋献公与寡人交，诸侯莫弗闻。献公不幸离群臣，出入十年矣。嗣子不善，吾恐此将令其宗庙不被除而社稷不血食也。如是弗定，则非与人交之道。吾欲辅重耳而入之晋，何如？”群臣皆曰：“善。”公因起卒，革车五百乘，畴骑二千[8]，步卒五万，辅重耳入之于晋，立为晋君。

重耳即位三年，举兵而伐曹矣。因令人告曹君曰：“悬叔瞻而出之，我且杀而以为大戮。”又令人告釐负羁曰：“军旅薄城[9]，吾知子不违也。其表子之间，寡人将以为令，令军勿敢犯。”曹人闻之，率其亲戚而保釐负羁之间者七百余家。此礼之所用也。

故曹，小国也，而迫于晋、楚之间，其君之危犹累卵也，而以无礼莅之，此所以绝世也。

故曰：国小无礼，不用谏臣，则绝世之势也。

【注释】

1重耳：晋献公之子，献公听信宠妾骊姬的谗言而杀了太子申生，又将杀群公子，所以重耳出亡。十余年后回国，即位为晋文公，后成为春秋五霸之一。

2 曹：春秋时诸侯国名，位于今山东定陶西。

3 曹君：指曹共公。袒裼（xī）：脱去上衣露出肩背。

4 釐负羁：春秋时曹国大夫。叔瞻：春秋时郑国大夫，此文记为曹国大夫，可能有误。

5 反：通"返"。

6 即：则。

7 与：参与。

8 畴：类，同等。

9 薄：通"迫"。

【译文】

什么叫作国家弱小而没有礼貌？从前晋公子重耳出国流亡，经过曹国的时候，曹国国君让他赤膊洗澡，从而去观看他长在一起的肋骨。当时曹国的大夫釐负羁和叔瞻侍候在国君跟前。叔瞻对曹国国君说："我看晋公子不是个平常的人。您对待他没有礼貌，他如果有机会回国当了君主而起兵，那恐怕会成为曹国的祸害。您不如杀了他。"曹国国君没听叔瞻的劝谏。釐负羁回到家中闷闷不乐，他的妻子问他说："夫君从外面回来而面露不悦之色，为什么呢？"釐负羁说："我听说过这样的话：'君主有福，轮不到我；君主的灾祸来了，一定会连累我。'今天我们的国君召见晋公子，他对待晋公子没有礼貌。我当时也夹在里面，因此才闷闷不乐。"他的妻子说："我看晋公子，将是一个拥有万辆兵车的大国的君主；他身边的随从，也都将成为大国的卿相。现在他走投无路而出国流亡，经过曹国时，曹国对待他没有礼貌。这个人如果得势回到晋国，一定会惩罚对他无礼的人，那么曹国就首当其冲了。您为什么不先把自己和国君区别开来呢？"釐负羁说："好。"于是就把黄金装在壶里，再用食物把壶装满，在壶上加了块玉璧，在夜间派人赠送给晋公子。公子接见了使者，行了再拜礼，接受了他的食物而退还了他的玉璧。

晋公子从曹国到楚国，从楚国到秦国。进入秦国三年了，秦穆公召集大臣们商量说："从前晋献公和我结交，各国诸侯没有不知道的。晋献公不幸谢世，到现在已经十年左右了。继承王位的儿子晋惠公不成器，我怕他将要使晋国的宗庙得不到扫除而土地神、谷神得不到活畜的祭祀。像这种情况我们再不去平定，那么就不是和人交朋友的态度了。我想帮助重耳让他回到晋国去，怎么样？"大臣们都说："好。"秦穆公便起兵，动用了包有皮革的坚固兵车五百辆，同一规格的精选马匹两千匹，步兵五万人，辅助重耳回到了晋国，做了晋国的君主。

重耳登上王位才几年，便起兵去攻打曹国了。他为此而派人去告诉曹国国君说："把叔瞻吊出城来，我准备杀了他把他陈尸示众。"又派人告诉釐负羁说："军队压城，我知道您不会反对我。请在您住的里巷门上做好标记，我将根据您的标记下达命令，使军队不敢去侵犯。”曹国人听到这个消息后，带着他们的亲戚来到釐负羁居住的里巷里来求取保护的有七百多家。这是釐负羁从前对待晋公子有礼貌的作用啊。

曹国，是个弱小的国家，而且夹在晋国、楚国之间，曹国国君的危险就好像垒起来的蛋一样，却还以没有礼貌的态度去对待晋公子，这便是他断绝后嗣的原因啊。

所以说：国家弱小而无礼，又不听从大臣的劝谏，那就有断绝后嗣的趋势。

【评点】

十过，就是十种过错，即本篇第一段所列举的“行小忠”“顾小利”等十种君王常犯的过失。这十种过错是韩非从历史的教训中总结出来以供君主的借鉴。文章先大致罗列出这十种过失及其后果以引起君主的注意，然后分别展开，每一段主要用一个历史故事具体说明这种过失的危害性，借以警戒后世的统治者，避免重蹈亡国亡身的覆辙。

韩非用法治理的思想也表明，他是不相信有完美无缺的君主存在的，因而唯有服膺这“君主之道”者，才能担负起世间大任。

孤愤第十一

　　智术之士[1]，必远见而明察，不明察，不能烛私[2]；能法之士，必强毅而劲直，不劲直，不能矫奸。人臣循令而从事，案法而治官[3]，非谓重人也[4]。重人也者，无令而擅为，亏法以利私。耗国以便家[5]，力能得其君，此所为重人也。智术之士明察，听用，且烛重人之阴情；能法之士劲直，听用，且矫重人之奸行。故智术能法之士用，则贵重之臣必在绳之外矣[6]。是智法之士与当涂之人，不可两存之仇也。

【注释】

　　1 智术：精通某种手段、方法、技巧。智术之士：是指精通法术的法治理论家。下文的"能法之士"是指推行法术的法治实践家。

2 烛：名词用作动词，照见、照亮。这里引申为考察、洞察。

3 案：同"按"，按照，依照。

4 重人：是指掌握了国家大权、地位重要、能左右君主的权臣。

5 家：是指重臣的封邑或采地。

6 绳：本义是指木工所使用的墨线，这里是指法律的准绳。

【译文】

通晓统治策略的人，必然见识高远并明察秋毫，不明察秋毫，就不能发现隐私。能够推行法治的人，必须坚决果断并刚强正直，不刚强正直，就不能矫正邪恶。臣子遵循法令办理公事，按照法律履行职责，所以不叫重人。所谓重人，就是无视法令而独断专行，破坏法律来为私家牟利，损害国家来便利自家，势力能够控制君主，这才叫做重人。懂得统治策略的人明察秋毫，他们的主张若被采纳，自身若被任用，将会洞察重人的阴谋诡计；能够推行法治的人刚强正直，他们的主张若被采纳，自身若被任用，将会矫正重臣的邪恶行为。因此，懂得策略和善用法治的人若被任用，那么位尊权重之臣必定为法律准绳所不容。所以说，懂法依法的人与执掌权要的人，是不可并存的仇敌。

　　当途之人擅事要，则外内为之用矣。是以诸侯不因，则事不应，故敌国为之讼[1]；百官不因，则业不进，故群臣为之用；郎中不因[2]，则不得近主，故左右为之匿；学士不因，则养禄薄礼卑，故学士为之谈也。此四助者，邪臣之所以自饰也。重人不能忠主而进其仇，人主不能越四助而烛察其臣，故人主愈弊而大臣愈重[3]。

【注释】

1 讼：通"颂"。这里用为歌颂之意。

2 郎中：君主的近侍、警卫之职。

3 弊：通"蔽"。这里用为遮盖、遮挡之意。

【译文】

　　当权的大臣独揽大权，那么外交和内政就要被他利用了。正因如此，列国诸侯不依靠他，事情就得不到照应，就连敌对的国家也会给他唱颂歌；各级官吏不依靠他，成绩就得不到上报，所以各级官吏会为他出力；君主的侍从不依靠他，就不能接近君主，所以他们为他隐瞒罪行；学士不依靠他，就会俸禄薄而待遇低，所以学士也为他说好话。这四种帮凶是奸邪之臣用来掩饰自己的根基。权臣不能忠于君主而推荐自己的政敌，君主不能越过四种帮凶来洞察他的臣下，所以君主越来越受蒙蔽，而权臣的权势越来越大。

凡当途者之于人主也，希不信爱也，又且习故[1]。若夫即主心，同乎好恶，固其所自进也。官爵贵重，朋党又众，而一国为之讼。则法术之士欲干上者，非有所信爱之亲、习故之泽也，又将以法术之言矫人主阿辟之心[2]，是与人主相反也。处势卑贱，无党孤特。夫以疏远与近爱信争，其数不胜也；以新旅与习故争，其数不胜也；以反主意与同好争，其数不胜也；以轻贱与贵重争，其数不胜也；以一口与一国争，其数不胜也。法术之士操五不胜之势，以岁数而又不得见；当涂之人乘五胜之资，而旦暮独说于前。故法术之士奚道得进，而人主奚时得悟乎？故资必不胜而势不两存，法术之士焉得不危？其可以罪过诬者，以公法而诛之；其不可被以罪过者，以私剑而穷之。是明法术而逆主上者，不僇于吏诛[3]，必死于私剑矣。朋党比周以弊主[4]，言曲以便私者，必信于重人矣。故其可以功伐借者，以官爵贵之；其可借以美名者，以外权重之。是以弊主上而趋于私门者，不显于官爵，必重于外权矣。今人主不合参验而行诛，不待见功而爵禄，故法术之士安能蒙死亡而进其说？奸邪之臣安肯乘利而退其身？故主上愈卑，私门益尊。

【注释】

1 习：这里用为亲信之意。

2 阿辟：邪恶。

3 僇：通"戮"。这里用为杀戮之意。

4 比周：这里用为结党营私之意。

【译文】

凡是当道掌权的人在君主身边，很少有不被信任和宠爱的，而且彼此又亲昵和熟悉。于是迎合君主的心理，投合君主的好恶，本来就是重臣得以晋升的途径。他们官职大，爵位高，党羽又多，全国都为他们唱赞歌。而提倡法治的人想要求得君主重用，既没有受到信任和宠爱的亲近关系，也没有亲昵和熟悉的交情，还要用法治言论矫正君主的偏邪之心，这是与君主心意相反的。提倡法治的人所处地位低下，没有同党孤立无援。与君主关系疏远的人和与君主的关系亲近、受到宠信的人相争，在常理上不能取胜；新客和故旧相争，在常理上也不能取胜；以违背君主心意和投合君主好恶相争，在常理上也不能取胜；以地位低贱的和位尊权重的相争，在常理上不能取胜；以一张嘴和一国人相争，在常理上不能取胜。法治之士处在"五不胜"的情形下，按年计算也不能晋见君主；当权重臣凭借"五胜"的条件，又日夜单独向君主进言。因此，法治之人能有什么门路得到任用，而君主到什么时候才能醒悟呢？因此，凭借必定不能取胜的条件，又与权臣势不两立，法治之士怎会不危险？权臣对那些可用罪状诬陷的，就用国家法律来诛杀；对那些不能强加罪名的，就用刺客来暗杀。这样说来，精通法治而违背君主的人，不为官吏所诛杀，必定死在刺客手里了。而结党拉派串通一气来蒙蔽君主、花言巧语歪曲事实来便利私家的人，一定会受到权臣的信任。所以对那些可用功劳做借口的，就封官赐爵使他们显贵；可用好名声做借口的，就用外交职权重用他们。因此，蒙蔽君主而投奔私人门下的，不在官爵级别上显赫，必在外交职权上重用了。如今君主不验证核查就实行诛戮，不等建立功劳就授予爵禄，这样法治之士怎能冒死去陈述自己的主张呢？奸邪之臣又怎能趁着有利时机而自动引退呢？所以君主地位就越来越低，而私门权势就越来越大。

夫越虽国富兵强，中国之主皆知无益于己也，曰："非吾所得制也。"今有国者虽地广人众，然而人主壅蔽，大臣专权，是国为越也。智不类越[1]，而不智不类其国，不察其类者也。人之所以谓齐亡者，非地与城亡也，吕氏弗制而田氏用之[2]；所以谓晋亡者，亦非地与城亡也，姬氏不制而六卿专之也。今大臣执柄独断，而上弗知收，是人主不明也。与死人同病者，不可生也；与亡国同事者，不可存也。今袭迹于齐、晋，欲国安存，不可得也。

【注释】

1 智：同"知"，知道。下句"不智"中的"智"与此同。

2 吕氏：齐在周朝初期为吕尚的封国，后由他的子孙世袭，故有此称。

【译文】

越国虽然国富兵强，但中原各国的君主都知道越国对自己没有什么益处，说："它不是我所能控制得了的。"现在一个国家虽然土地广阔，人口众多，然而君主受到蒙蔽，大臣专擅朝政，那这个国家也就变得和越国一样无法控制了。知道自己的国家与越国不同，却不知道现在连自己的国家也变了样，这是因为不懂得事物的相似性啊。人们之所以说齐国亡了，并不是说它的土地和城市不存在了，而是指吕氏不能控制它而为田氏所占有；人们之所以说晋国灭亡了，也并不是说晋国的土地和城市不存在了，而是指姬氏不能控制它而为六卿所把持。如今的大臣执掌权柄、独断专行，而君主不知收回，这是君主不明智。与病死的人患上了同样的疾病，不可救药；与灭亡的国家干同样的事情，无法久存。如今沿袭齐国、晋国亡国的故事，想要国家安然存在，是不可能的。

凡法术之难行也，不独万乘[1]，千乘亦然。人主之左右不必智也，人主于人有所智而听之，因与左右论其言，是与愚人论智也；人主之左右不必贤也，人主于人有所贤而礼之，因与左右论其行，是与不肖论贤也。智者决策于愚人，贤士程行于不肖[2]，则贤智之士羞而人主之论悖矣。人臣之欲得官者，其修士且以精洁固身[3]，其智士且以治辩进业[4]。其修士不能以货赂事人，恃其精洁而更不能以枉法为治，则修智之士不事左右、不听请谒矣。人主之左右，行非伯夷也，求索不得，货赂不至，则精辩之功息，而毁诬之言起矣。治辩之功制于近习，精洁之行决于毁誉，则修智之吏废，则人主之明塞矣。不以功伐决智行，不以参伍审罪过，而听左右近习之言，则无能之士在廷，而愚污之吏处官矣。

【注释】

1 万乘：拥有万辆战车的大国。下句"千乘"指拥有千辆战车的中等国家。

2 程：估量，衡量。

3 固身：严格要求自我。

4 治辩：办事；治理。辩：通"办"，办事。

【译文】

大凡法术都难以推行，不仅大国是这样，中小国家也是这样，君主的近臣不一定有才智。君主认为某人有才智而听取他的意见，接着却与身边的近臣来评论这个人的言论，这是和愚蠢的人讨论才智。君主身边的近臣不一定都贤良。君主认为某人有美德而礼遇他，然后又与身边的近臣评论这个人的品行，这是和品德不好的人讨论美德。智者的决策是否施行最终要听从愚蠢人的决断，贤者的品德由不贤的人来衡量，那么贤良而有智慧的人就会感到羞耻，而君主的论断必然也会与事实不符。想谋得官职的臣子当中，其中那些善于修养自身的人就会用高洁的品德严格约束自己，那些才智高的人将用办好政事来推进事业。那些善于修养自身的人不会用财物去贿赂别人，凭借精纯廉洁更不可能违法办事，那么那些善于修养自身、才智高的人也就不会奉承君主近侍，不会接受别人的私下请托了。君主的近臣，不具有伯夷那样高洁的品行，索求的东西得不到，财物贿赂不上门，那么具有办事能力者所建立的功业就会被他们埋没，而诬陷诋毁的言论也就会随之而起了。办事的才能和功绩受制于君主身边的近侍，精纯廉洁的品行取决于近侍的毁誉，那么那些善于修养自身、才智高的官吏就要被废黜，君主的明察也就被阻塞了。不按功劳裁决人的才智和品德，不进行多方面的比较检验来审查臣下的罪行过错，而听信君主身边近侍的言辞，那么没有才能的人就会在朝廷中当政，愚蠢腐败的官吏就会窃居职位了。

万乘之患，大臣太重；千乘之患，左右太信；此人主之所公患也。且人臣有大罪，人主有大失，臣主之利与相异者也。何以明之哉？曰：主利在有能而任官，臣利在无能而得事；主利在有劳而爵禄，臣利在无功而富贵；主利在豪杰使能，臣利在朋党用私。是以国地削而私家富，主上卑而大臣重。故主失势而臣得国，主更称蕃臣[1]，而相室剖符[2]。此人臣之所以谲主便私也[3]。故当也之重臣，主变势而得固宠者，十无二三。是其故何也？人臣之罪大也。臣有大罪者，其行欺主也，其罪当死亡也。智士者远见而畏于死亡，必不从重人矣；贤士者修廉而羞与奸臣欺其主，必不从重臣矣，是当涂者之徒属，非愚而不知患者，必污而不避奸者也。大臣挟愚污之人，上与之欺主，下与之收利侵渔，朋党比周，相与一口，惑主败法，以乱士民，使国家危削，主上劳辱，此大罪也。臣有大罪而主弗禁，此大失也。使其主有大失于上，臣有大罪于下，索国之不亡者，不可得也。

【注释】

1 蕃臣：领有封地的臣下。蕃：通"藩"。

2 相室：丞相；辅佐大臣。

3 谲：欺骗。

【译文】

　　大国的祸害在于大臣权势太重，中小国家的祸害在于近臣太受宠信：这是君主共同的祸患。再说臣下犯了大罪恶，就等于君主有大的过失，这是因为臣下和君主的利益不一致。凭什么这样说呢？这是因为：君主的利益在于任命具有才能的人以官职，臣下的利益在于自己没有才能还能够执掌政事；君主的利益在于为具有功劳的人授以爵禄，臣子的利益在于自己没有功劳还能够获得富贵；君主的利益在于让豪杰之士发挥才能，臣下的利益在于结党营私。因此国家的土地被侵占而大臣的财富却在增加，君主地位卑下了而大臣的权势加重了。所以君主失去权势由大臣控制国家，君主改称藩臣，而执政的相国却掌管了剖符的权力。这就是大臣欺骗君主牟取私利的情形。因此当代的那些掌权大臣，在君主改变政治情势后仍能保持宠信的，十个中还不到两三个。这是什么缘故呢？是这些臣下的罪行太大了。这些犯下大罪的大臣，他们的行为欺骗了君主，他们的罪行应该处以死刑。有智慧的人目光远大而畏惧死亡，肯定不会跟随那些位高权重的大臣；品德好的人洁身自爱，耻于和奸臣共同欺骗君主，必然也不会依附于那些位高权重的大臣。这些当权者的门徒党羽，不是愚蠢而不知祸害的人，就一定是品行污浊而不怕行为奸邪的坏人了。大臣挟持着一班愚蠢而污浊的人，对上和他们一起欺骗君主，对下和他们一起掠夺财物、侵害民利，他们相互勾结，串通一气，惑乱君主败坏法制，以此扰乱百姓，让国家处于危险削弱的境地，使君主受尽了劳苦屈辱，这是他们的重大罪恶。臣下有了大罪而君主却不加以禁止，这就是君主的大过失啊。假如君主在上面有大过失，臣子在下面有大罪行，还想求得国家不灭亡，那是不可能的。

【评点】

"孤愤"，就是韩非的孤独和愤慨。"孤"即文中所谓"处势卑贱，无党孤特"；"愤"即愤慨于"重人""当涂"，"朋党比周，相与一口，惑主败法，以乱士民"，法术之士不得进，人主不得悟。文中提出"智法之士与当涂之人，不可两存之仇也"，愤慨之情溢于言表。韩非真实地描述了法术之士向守旧势力抗争的艰难情景，提出了"烛私""矫奸"的要求。文章所反映的极其激烈的政治斗争，在战国后期具有典型性。它所表达的思想，对当时的新兴政治势力争取政权、巩固政权的斗争有很大的启发。因此，即使是雄视天下的秦王嬴政在阅读了本篇的内容以后，也给予了高度的评价。

《孤愤》是《韩非子》中政论散文的典范之作，是一篇在战国后期曾产生重要影响的著名文章。

说难第十二

凡说之难[1]：非吾知之有以说之之难也[2]，又非吾辩之能明吾意之难也，又非吾敢横失而能尽之难也[3]。凡说之难：在知所说之心[4]，可以吾说当之[5]。

所说出于为名高者也，而说之以厚利，则见下节而遇卑贱[6]，必弃远矣。所说出于厚利者也，而说之以名高，则见无心而远事情[7]，必不收矣。所说阴为厚利而显为名高者也[8]，而说之以名高，则阳收其身而实疏之[9]；说之以厚利，则阴用其言显弃其身矣。此不可不察也。

【注释】

1 说：谏说，进说，游说。

2 之：第一个"之"是代词，指事理；第二个"之"是代词，指谏说的对象，即君主；第三个"之"是结构助词，相当于"的"。

3 失：通"佚"，放肆。横失：等于说"放纵"，纵横放肆，无所顾忌。以上几句是说，向君主进说的困难，不在于我言之无理、词不达意、没有胆气。

4 所说：进说的对象，指君主。心：心意。

5 以：用。当：适应，迎合。之：指代"所说之心"。

6 见：被看成。

7 心：心计，谋略。

8 阴：暗地里，指心底里。显：明，公开，指表面上。

9 阳：明里，表面上。

【译文】

大凡游说的困难，不是我能否了解事理从而拥有用来说服君主的论据这样的困难，也不是我能否辩说分析事理从而能阐明我的主张这样的困难，也不是我能否敢于毫无顾忌从而能够把我所知道的事理全部讲出来这样的困难。大凡游说的困难，在于了解被劝说的君主的心理，然后设法用我的话去迎合这种心理。

所劝说的君主如果属于追求高尚名声的人，用重利去劝说他，那么游说者就会被看作是节操卑下的人而得到卑微下贱的待遇，也必定会被抛弃和疏远了。如果所劝说的君主属于追求重利的人，用高尚的名声去劝说他，那么游说者就会被看作是没有头脑而脱离实际，也必定不会被录用了。如果所劝说的君主是心底里追求重利而表面上追求高尚名声的人，用高尚的名声去劝说他，那么他就会表面上录用游说的人而在心里疏远这游说的人；如果用重利去劝说他，那么他就会暗地里采用游说者的意见而表面上抛弃这游说者。这是不可以不明察的啊。

　　夫事以密成，语以泄败。未必其身泄之也，而语及所匿之事，如此者身危。彼显有所出事，而乃以成他故，说者不徒知所出而已矣，又知其所以为，如此者身危。规异事而当，知者揣之外而得之，事泄于外，必以为己也，如此者身危。周泽未渥也，而语极知，说行而有功，则德忘；说不行而有败，则见疑，如此者身危。贵人有过端[1]，而说者明言礼义以挑其恶，如此者身危。贵人或得计而欲自以为功，说者与知焉，如此者身危。强以其所不能为，止以其所不能已，如此者身危。故与之论大人[2]，则以为间己矣；与之论细人[3]，则以为卖重。论其所爱，则以为借资；论其所憎，则以为尝己也，径省其说，则以为不智而拙之；米盐博辩，则以为多而久之。略事陈意，则曰怯懦而不尽；虑事广肆，则曰草野而倨侮。此说之难，不可不知也。

【注释】

1 贵人：此处指君主。

2 大人：指大臣。

3 细人：指小人，君主的近侍。

【译文】

　　事情因保密而成功，谈话因泄密而失败。不一定是进言者自己有意泄露秘密，而是他的话触及了君主心中所隐匿的事，如此进言者就会身遭危险。君主表面上在做一些事情，心里却想借此办成别的事，进言者不但知道君主表面上所做的事，而且还知道君主这样做的真实目的，如此进言者就会身遭危险。君主正在暗中规划一些非同寻常的事情并且符合君主心意，其他的智者从外表也猜测到了这些事情，事情在外面泄露出来，君主一定认为是进言者泄露的，如此进言者就会身遭危险。君主对进言者的恩德还不够深厚，而进言者却把自己的想法全部讲出来，如果主张得以实行并获得成功，功德就会被君主忘记；如果主张行不通而遭到失败，就会被君主怀疑，如此进言者就会身遭危险。君主有过错，进言者大谈礼义并且明确指责君主的错误，如此进言者就会身遭危险。君主有时计谋得当而想以此作为自己的功劳，进言者同样知道此计并参与其中，如此进言者就会身遭危险。勉强君主去做他不能做的事，强迫君主去做他所不能停下来的事情，如此进言者就会身遭危险。所以进言者如果和君主议论大臣，君主就会认为进言者是在离间自己和大臣的关系；和君主谈论近侍小臣，君主就会认为进言者是在卖弄自己的身价；谈论君主喜爱的人，君主就会认为进言者是在拉拢关系；谈论君主憎恶的人，君主就会认为进言者是在试探他；说话直截了当，君主就会认为进言者不聪明而将他视为笨拙之人；游说的内容广博而又细微，君主就会认为是啰嗦而冗长；简单扼要地陈说意见，君主就认为进言者是怯懦而不敢把话说完；把事情考虑得广泛而不受约束地谈出来，君主就会认为是粗野而不懂礼貌。这些进说的困难，不能不了解啊。

凡说之务，在知饰所说之所矜而灭其所耻。彼有私急也，必以公义示而强之。其意有下也，然而不能已，说者因为之饰其美而少其不为也。其心有高也，而实不能及，说者为之举其过而见其恶[1]，而多其不行也。有欲矜以智能，则为之举异事之同类者，多为之地，使之资说于我，而佯不知也以资其智。欲内相存之言[2]，则必以美名明之，而微见其合于私利也。欲陈危害之事，则显其毁诽而微见其合于私患也。誉异人与同行者，规异事与同计者。有与同污者，则必以大饰其无伤也；有与同败者，则必以明饰其无失也。彼自多其力，则毋以其难概之也[3]；自勇其断，则无以其谪怒之[4]；自智其计，则毋以其败穷之。大意无所拂悟[5]，辞言无所系縻[6]，然后极骋智辩焉。此道所得，亲近不疑而得尽辞也。伊尹为宰，百里奚为虏，皆所以干其上也。此二人者，皆圣人也；然犹不能无役身以进，如此其污也！今以吾言为宰虏，而可以听用而振世，此非能仕之所耻也。夫旷日离久，而周泽既渥，深计而不疑，引争而不罪，则明割利害以致其功，直指是非以饰其身，以此相持，此说之成也。

【注释】

1 见：同"现"，此处指揭示的意思。

2 内：同"纳"，进言。

3 概：古时量米的时候用来刮平斗斛的木板。此处用作动词，刮平斗斛而不使过满，引申为压制、打击。

4 谪：指责。此处引申为过失。

5 拂悟：悖逆，也即违背君主的意愿。悟：通"忤"，违背。

6 系縻：抵触。

【译文】

大凡进说的要领，在于懂得粉饰进说对象所感到自豪的事情而设法掩盖他认为羞耻的事情。君主有私人的急事，进言者一定要指明这合乎公义而鼓励他去做。君主有卑下的念头，然而又无法克制，进言者就应把它粉饰成美好的而抱怨他不去干。君主心中有过高的期望，而实际不能达到，就应该为他列举这种念头的缺点并揭示它的坏处，而称赞他不去做。君主想夸耀自己的智慧和能力，进言者就替他举出别的事情中的同类情况，尽量多为他提供这方面的例证，使他从我处借用说法，而我却假装不知道，通过这种方式来帮助他显示自己的聪明才智。进言者想向君主进献与人相安的话，就一定要用美好的名义来阐明，而且还要暗示这样做符合君主的私利。进言者想要陈述有危害的事，就明言此事会遭到的毁谤，而且还要暗示此人的行为会为君主带来祸患。进言者称赞另一个与君主行为相同的人，要规划另外一件与君主思路相同的事。有与君主同样污点的人，就必须对它大加粉饰，说它没有害处；有和君主同样遭受失败的人，就必须尽量粉饰这些污点以表明他没有过失。君主自夸力量强大时，就不要拿他难办的事去压制他。君主自以为决断勇敢时，就不要用他的过失去激怒他；君主自认为有智谋，就不要用他的败绩使其陷入尴尬难堪的境地。进说的主旨没有什么违逆，言辞没有什么抵触，然后进言者就可以尽情地施展自己的智慧和辩才了。由这条途径得到的，是君主能够对进言者亲近不疑而又能畅所欲言。伊尹做过厨师，百里奚做过奴隶，都是为了求得君主的重用。这两个人，都是圣人啊，但还是不得不通过做低贱的事来求得任用，他们真是显得如此卑贱啊！

假如把我的话看成像厨师和奴隶所讲的一样，而可以被采纳来拯救天下，这就不是智能之士感到耻辱的了。如果与君主在一起的时间久了，君主的恩泽已经很深厚，做出一些深入的计划而不会被君主怀疑，据理力争不再会获罪，那么就可以清楚明白地为君主决断事情的利害得失以建功立业，直接指明是非来端正君主的言行，能这样相互对待，就是进说成功了。

　　昔者郑武公欲伐胡，故先以其女妻胡君以娱其意。因问于群臣："吾欲用兵，谁可伐者？"大夫关其思对曰[1]："胡可伐。"武公怒而戮之，曰："胡，兄弟之国也。子言伐之，何也？"胡君闻之，以郑为亲己，遂不备郑。郑人袭胡，取之。宋有富人，天雨墙坏。其子曰："不筑，必将有盗。"其邻人之父亦云。暮而果大亡其财。其家甚智其子，而疑邻人之父。此二人说者皆当矣，厚者为戮，薄者见疑，则非知之难也，处知则难也。故绕朝之言当矣[2]，其为圣人于晋，而为戮于秦也，此不可不察。

【注释】

1 关其思：春秋时郑国大夫。

2 绕朝：春秋时秦国大夫。

【译文】

郑武公曾经想要征伐胡国，就故意先把自己的女儿嫁给胡国君主来讨他的欢心。然后问群臣："我想用兵，哪一个国家可以征伐？"大夫关其思回答说："胡国可以征伐。"武公发怒而杀了他，说："胡国，是我的兄弟之国。如今你却建议说征伐它，是何道理？"胡国君主听说了，以为郑国与自己的关系十分亲密，于是不再防备郑国。后来郑国偷袭了胡国，并占领了它。宋国有个富人，下雨把墙淋塌了，他儿子说："墙如果不赶快修好，必将有盗贼来偷。"邻居的老人也这么说。当天晚上果然丢失了许多财物。这家富人认为儿子很聪明，却对邻居老人起了疑心。关其思与邻居老人这两个人提出的建议都是非常得当的，然而重者被杀害，轻者遭受到怀疑；那么，不是了解情况有困难，而是处理所了解的情况很困难。所以，绕朝劝说秦康公的言论是得当的。但他在晋国被看成圣人，然而在秦国却被杀掉，这些情况不可不仔细考察啊。

昔者弥子瑕有宠于卫君[1]。卫国之法：窃驾君车者罪刖[2]。弥子瑕母病，人间往夜告弥子，弥子矫驾君车以出。君闻而贤之，曰："孝哉！为母之故，忘其刖罪。"异日，与君游于果园，食桃而甘，不尽，以其半啖君。君曰："爱我哉！忘其口味以啖寡人。"

及弥子色衰爱弛，得罪于君，君曰："是固尝矫驾吾车，又尝啖我以余桃。"故弥子之行未变于初也，而以前之所以见贤而后获罪者，爱憎之变也。故有爱于主，则智当而加亲；有憎于主，则智不当见罪而加疏。故谏说谈论之士，不可不察爱憎之主而后说焉。

【注释】

1 弥子瑕：春秋时卫灵公宠臣。

2 刖（yuè）：古代一种砍掉脚或脚趾的酷刑。

【译文】

从前弥子瑕深得卫灵公的宠爱。卫国法令规定：私自驾驭国君车子的，要受到砍脚的处罚。弥子瑕的母亲生病了，有人抄近路连夜通知弥子瑕，弥子瑕假借卫灵公的命令而擅自驾驶着君主的车辆出宫回家。卫灵公听说后，却认为他品行良好，说："真孝顺啊！为了母亲的缘故，竟然忘记了自己会遭受被砍脚的刑罚。"另一天，他和卫灵公在果园游览，他吃一个桃子时觉得很甜，没有吃完，就把剩下的半个给卫灵公吃。卫灵公说："多么爱我啊！忘了这是他所喜爱的东西而拿来给我吃。"到了弥子瑕容颜衰老宠爱减退时，得罪了卫灵公，卫灵公说："这人本来就曾假托君命私自驾驭我的车子，又曾经把吃剩的桃子给我吃。"因此，弥子瑕后来的行为与从前的行为并没有什么变化，但之前被看作是贤良，而后来获罪的原因，是卫灵公的爱憎态度有所变化啊。所以被君主宠爱时，才智就显得恰当而越来越为君主所亲近；被君主憎恶时，才智就显得不恰当并被治罪，而越来越为君主所疏远。所以谏说谈论的人不可不观察君主的爱憎再去进行游说啊。

夫龙之为虫也，柔可狎而骑也；然其喉下有逆鳞径尺，若人有婴之者[1]，则必杀人。人主亦有逆鳞，说者能无婴人主之逆鳞，则几矣。

【注释】

1 婴：通"撄"，触动。下文"无婴"中的"婴"与此同。

【译文】

龙作为一种动物，在它和顺驯服的时候可以戏弄骑着玩；但它的喉部下面有倒长的长一尺左右的鳞片，如果有人触犯了这鳞片，那么龙就一定会把人杀死。君主也有倒长的鳞片，游说的人如果能不触犯君主那倒长的鳞片，也就差不多算是善于游说的了。

【评点】

《说难》与《难言》题意相同，都讲的是向君主进说的困难，但比《难言》写得更详实，着重强调了要迎合君主心意而进言，充分显示了韩非对人情世故和君主心理的深度洞悉。

文章中首先提出，要知道对方的心理活动是不是与自己的游说内容相符才能去游说；否则游说必然不会成功。同时，要明确对方是一个什么样的人，才能根据这个人的特点采用不同的游说内容。只有摸清对方心思后才能去游说，知己知彼，方能百战百胜。

和氏第十三

楚人和氏得玉璞楚山中[1]。奉而献之厉王[2]。厉王使玉人相之，玉人曰："石也。"王以和为诳[3]，而刖其左足。及厉王薨[4]，武王即位[5]。和又奉其璞而献之武王。武王使玉人相之，又曰："石也。"王又以和为诳，而刖其右足。武王薨，文王即位[6]。和乃抱其璞而哭于楚山之下，三日三夜，泪尽而继之以血，王闻之，使人问其故。曰："天下之刖者多矣，子奚哭之悲也？"和曰："吾非悲刖也，悲夫宝玉而题之以石[7]，贞士而名之以诳，此吾所以悲也。"王乃使玉人理其璞而得宝焉，遂命曰："和氏之璧。"

【注释】

1 和氏：人名。春秋时期楚国人氏，姓卞，名和。

2 厉王：春秋时期楚国君主，名熊眴，公元前 757—前 741 年在位。

3 诳：欺骗，迷惑。

4 薨（hōng）：古代称诸侯之死。后世有封爵的大官之死也称薨。

5 武王：楚厉王的弟弟，名熊通，公元前 740—前 690 年在位。

6 文王：楚武王的儿子，名赀，公元前 689—前 677 年在位。

7 题之以石：用"石头"这个名称来命名它。译文中用了意译。

【译文】

楚国人卞和在荆山中得到一块玉璞，捧着进献给楚厉王。楚厉王派玉工去鉴定，玉匠说："是块石头。"楚厉王认为卞和欺骗了自己，就砍掉了他的左脚。到了楚厉王去世之后，武王继位。卞和又捧着那块玉璞去献给武王。武王让玉匠鉴定，玉匠又说："是块石头。"武王也认为卞和欺骗了自己，就砍掉了他的右脚。武王去世之后，文王登基。卞和就抱着那块玉璞在荆山下哭，哭了三天三夜，眼泪干了，接着流出血来。楚文王听说这件事情后，派人去了解他哭的原因。问道："天下被砍掉脚的人很多啊，你为什么哭得这么悲伤？"卞和说："我不是悲伤脚被砍掉，而是悲伤把宝玉称作石头，诚实的人被说成骗子。这才是我悲伤的原因。"文王就让玉匠加工这块玉璞并得到了宝玉，于是就把这块宝玉命名为"和氏之璧"。

夫珠玉，人主之所急也。和虽献璞而未美，未为主之害也，然犹两足斩而宝乃论，论宝若此其难也。今人主之于法术也，未必和璧之急也；而禁群臣士民之私邪。然则有道者之不僇也，特帝王之璞未献耳。主用术，则大臣不得擅断，近习不敢卖重；官行法，则浮萌趋于耕农[1]，而游士危于战陈[2]；则法术者乃群臣士民之所祸也。人主非能倍大臣之议[3]，越民萌之诽，独周乎道言也，则法术之士虽至死亡，道必不论矣。

【注释】

1 浮萌：游民。萌，通"氓"，民。

2 陈：通"阵"，军阵。

3 倍：通"悖"，违背。

【译文】

　　珍珠宝玉是君主急需的，卞和献上美玉虽然没有得君主的肯定与赞美，也并不会成为君主的危害，但还是在双脚被砍后宝玉才得以论定，鉴定珍宝竟然是如此困难啊！如今君主对于法术，未必像对和氏璧那样急需，而法术却只能用来禁止群臣、百姓的自私和邪恶行为。既然这样，那么法术之士还没被杀戮的原因，只是他们那块成就帝王业的玉璞尚未献上去罢了。君主如果能够使用治国法术，大臣就不能擅权独断，左右近侍就不敢卖弄权势；如果官员们执行法律，游民就得从事农耕，而四处游荡的士人也就必须去冒着危险冲锋陷阵，这样一来法术就被群臣百姓看成是祸害了；君主如果不能违背大臣的意见，摆脱黎民百姓的诽谤，单要完全采纳法家之言，那么法术之士即使一直到死，他们的学说也一定不会被认可。

　　昔者吴起教楚悼王以楚国之俗曰[1]："大臣太重，封君太众[2]；若此，则上逼主而下虐民，此贫国弱兵之道也。不如使封君之子孙三世而收爵禄，绝减百吏之禄秩[3]，损不急之枝官[4]，以奉选练之士。"悼王行之期年而薨矣，吴起枝解于楚[5]。商君教秦孝公以连什伍，设告坐之过[6]，燔诗书而明法令[7]，塞私门之请而遂公家之劳[8]，禁游宦之民而显耕战之士[9]。孝公行之，主以尊安，国以富强。八年而薨[10]，商君车裂于秦[11]。楚不用吴起而削乱[12]，秦行商君法而富强，二子之言也已当矣，然而枝解吴起而车裂商君者，何也？大臣苦法而细民恶治也。当今之世，大臣贪重，细民安乱[13]，甚于秦、楚之俗，而人主无悼王、孝公之听，则法术之士，安能蒙二子之危也而明己之法术哉！此世所以乱无霸王也。

【注释】

1 吴起：卫国人，著名军事家，早期法家，曾任楚令尹。

2 封君：受封邑的贵族。

3 秩：官职的品级。

4 枝官：闲冗官员。

5 枝解：同"肢解"，古代分解四肢的一种酷刑。

6 设告坐之过：使什伍互相监视，一家犯法，其余九家均要揭发，如隐瞒不报，则十家同罪（连坐）。告：告发。过：责。

7 燔：烧。

8 塞：杜绝。私门：豪门个人。

9 游宦之民：不守本业钻营求官的人。

10 八年而薨：商鞅变法施行八年而秦孝公卒。商鞅变法实际被秦孝公实行二十一年，此作八年，疑有错误。

11 车裂：古代以车拖裂人体的一种酷刑。

12 削乱：地削政乱。削，被割削。

13 安乱：安于混乱。

【译文】

从前吴起向楚悼王指出楚国的风气："楚国的大臣权势太重，分封的贵族太多。像这种情形，他们就会向上威胁到君主而向下虐待百姓，这是造成国贫兵弱的原因。不如规定让那些有封邑的贵族只传到子孙三代就收回他们的封邑，取消或减少百官的俸禄，裁减多余的官吏，把节省下来的费用拿去供养经过选拔和训练的士兵。"楚悼王施行此法一年就去世了，吴起在楚国惨遭被肢解的酷刑。商君教秦孝公建立什伍建制，设立不告发奸邪的株连罪责，焚烧儒家的诗书，以彰明法令，堵塞私人的请托而进用对国家有功的人，约束靠游说谋取官职的人而使从事农耕和作战有功的人显贵。孝公实行这些主张，君主因此尊贵安稳，国家因此而变得富强。过了二十一年秦孝公去世了，商鞅便在秦国被处以车裂的酷刑。楚国不用吴起变法而变弱混乱。秦国因为实行商鞅之法变得富裕强大。二人的主张已够正确的了，但是肢解吴起，车裂商鞅，是什么原因呢？就是因为大臣们苦于吴起与商鞅的法令而百姓们讨厌他们的法治啊。当今之世，大臣贪婪鄙俗而权势重，小民安于动乱，比秦、楚两国的坏风气还要严重，而君主们又没有人能够像楚悼王、秦孝公那样愿意听从大臣的建议，那么法术之士又怎能冒吴起、商鞅的危险来阐明自己的主张呢？这就是当今社会之所以混乱不堪而没有君主能够成为霸王的原因啊。

【评点】

《和氏》是《韩非子》中少数几篇不足千字的短文之一。三段文字虽内容各有侧重，而内在联系十分紧密，彼此呼应、配合，完美地展现了作者的立论。第一段以叙事为主，借楚人卞和两次向君王（先是楚厉王，后是楚武王）献同一块未经雕琢的玉璞而先后被砍去左脚、右脚的悲惨事例，形象地告诉世人一个道理：想让君王承认真理是极其困难的。第二段在"和氏之璧"这个故事的基础上，进一步引申生发，把"法术"比喻为君王的宝玉，强调了"法术"对于君王治国的重要性。"主用术，则大臣不得擅断，近习不敢卖重；官行法，则浮萌趋于耕农，而游士危于战陈（阵）"。文章还进而指出，"法术"常遭大臣和游民所忌恨，因此，"人主非能倍大臣之议，越民萌之诽，独周乎道言也，则法术之士虽至死亡，道必不论矣"。第三段以吴起变法于楚、商鞅变法于秦，楚、秦皆得富强，而两位变法者都遭惨祸为例，证明"大臣苦法而细民恶治"，再次申说法术之宝难以得到确认的道理。

奸劫弑臣第十四

　　凡奸臣皆欲顺人主之心以取信幸之势者也[1]，是以主有所善，臣从而誉之；主有所憎，臣因而毁之。凡人之大体[2]，取舍同者则相是也，取舍异者则相非也。今人臣之所誉者，人主之所是也，此之谓同取；人臣之所毁者，人主之所非也，此之谓同舍。夫取舍合而相与逆者，未尝闻也。此人臣之所以取信幸之道也。夫奸臣得乘信幸之势以毁誉进退群臣者，人主非有术数以御之也，非参验以审之也，必将以曩之合己，信今之言，此幸臣之所以得欺主成私者也。故主必蔽于上，而臣必重于下矣，此之谓擅主之臣。

【注释】

1 信幸：信任，宠爱。

2 大体：总的情况。

【译文】

凡是奸臣都想通过依顺君主的心意来取得被亲近宠爱的地位。因此，君主有所喜爱的，奸臣便跟着赞誉；君主有所憎恶的，奸臣便跟着诋毁。大凡人的通性，取舍相同、志同道合的人就互相认可，取舍不同、观点有分歧的人就互相反对。现在奸臣所赞美的，就是君主所认可的，这就称之为有共同的取向；奸臣所诋毁的，就是君主所反对的，这就称之为有共同的舍弃。那对于事物的看法取舍一致而人与人之间再互相对立发生冲突的事，从来没有听说过。这就是奸臣所以被君主信任和宠爱的道理。奸臣是能够凭借被君主信任和宠爱的地位来毁谤或称赞、提拔或罢免群臣的人，君主如果没有权术去驾驭他，不用参验形名的办法去审察他，就会因为他过去和自己的观点一致而轻信他现在的话，这就是那些得宠的奸臣之所以能够欺骗君主而成就私利的原因。所以君主必定在上面受欺骗而奸臣必定在下面掌握着重要的权力，这就称之为能控制君主的奸臣。

国有擅主之臣，则群下不得尽其智力以陈其忠，百官之吏不得奉法以致其功矣。何以明之？夫安利者就之，危害者去之，此人之情也。今为臣，尽力以致功、竭智以陈忠者，其身困而家贫，父子罹其害[1]；为奸利以弊人主[2]、行财货以事贵重之臣者，身尊家富，父子被其泽，人焉能去安利之道而就危害之处哉？治国若此其过也，而上欲下之无奸、吏之奉法，其不可得亦明矣。故左右知贞信之不可以得安利也，必曰："我以忠信事上、积功劳而求安，是犹盲而欲知黑白之情，必不几矣[3]；若以道化[4]、行正理、不趋富贵、事上而求安，是犹聋而欲审清浊之声也，愈不几矣。二者不可以得安，我安能无相比周、蔽主上、为奸私以适重人哉？"此必不顾人主之义矣。其百官之吏亦知方正之不可以得安也，必曰："我以清廉事上而求安，若无规矩而欲为方圆也，必不几矣；若以守法、不朋党、治官而求安，是犹以足搔顶也，愈不几也。二者不可以得安，能无废法、行私以适重人哉？"此必不顾君上之法矣。故以私为重人者众，而以法事君者少矣。是以主孤于上而臣成党于下，此田成之所以弑简公者也。

【注释】

1 罹：遭受，遭逢。

2 弊：通"蔽"，遮盖，遮挡。

3 几：通"期"，盼望，希望。

4 道：术。是指法术。化：变化。是指改变世道人心。

【译文】

国家有了控制君主的臣子，那么群臣就不可能充分发挥自己的智慧和力量来表达自己对君主的忠诚，各种官职上的官吏就不可能奉公守法来做出自己的成绩了。用什么来证明这种论点呢？见安全有利的就靠近它，见危险有害的就离开它，这是人们的常情。现在做臣子的，那些使尽全力来建立功绩、绞尽脑汁来向君主效忠的，他们本人处境困难而且家庭十分贫穷，父亲子女都遭受到他们的拖累；而那些做邪恶的事来牟取私利以致蒙蔽君主、赠送财物来奉承地位高贵身居要职的权臣的臣子，本身地位尊贵而且家庭十分富裕，父亲子女都享受到他们的好处：人们哪能放着安全有利的门路不走而去靠近危险有害的地方呢？治理国家的过错就像这样，而君主还想要臣下没有邪恶的行为、官吏都奉公守法，这种政治局面不可能看到也就显而易见了。所以，君主身边的近臣知道忠贞诚实是不可能用来取得安乐和利益的，就一定会说："我靠忠贞老实侍奉君主、不断立功去求取安乐，这就好像是瞎子想要知道黑色和白色的实际情况一样，一定是没有什么指望的了；如果用法术来改变世道人心、按照正确的原则来办事、不去投靠豪门贵族、只是一心侍奉君主来求取安乐，这就好像是聋子想要辨别声音的高扬清亮和低沉粗重，更加没有什么指望了。这两种办法都不可能用来取得安乐，我怎么能不和别人互相勾结、蒙蔽君主、干邪恶的勾当去牟取私利从而来迎合身居要职的权臣呢？"这些人就一定不会再顾全臣子侍奉君主的道德准则了。那些担任各种职务的官吏也知道正直无邪是不可能用来取得安乐的，一定会说："我靠清白无私、廉洁奉公来侍奉君主而求取安乐，这就好像是没有圆规和角尺却要画方形和圆形，一定是没有什么指望的了；如果靠遵守法令、不拉党结派、干好本职工作来求取安乐，这就好像是用脚来搔头顶，更加没有什么指望了。这两种办法都不可能用来取得安乐，我能不废弃法令、干私下的勾当来迎合身居要职的权臣吗？"这些人就一定不会再顾全君主的法令了。所以用私行来帮助权臣的人很多，而用法术来侍奉君主的人就很少了。因此君主在上面孤立无援而臣子在下面结成了私党。这就是田常杀掉齐简公的原因啊。

　　夫有术者之为人臣也，得效度数之言[1]，上明主法，下困奸臣[2]，以尊主安国者也。是以度数之言得效于前，则赏罚必用于后矣。人主诚明于圣人之术而不苟于世俗之言[3]，循名实而定是非，因参验而审言辞，是以左右近习之臣，知伪诈之不可以得安也，必曰："我不去奸私之行，尽力竭智以事主，而乃以相与比周、妄毁誉以求安，是犹负千钧之重陷于不测之渊而求生也[4]，必不几矣。"百官之吏亦知为奸利之不可以得安也，必曰："我不以清廉方正奉法，乃以贪污之心枉法以取私利，是犹上高陵之颠堕峻溪之下而求生[5]，必不几矣。"安危之道若此其明也，左右安能以虚言惑主？而百官安敢以贪渔下？是以臣得陈其忠而不弊[6]，下得守其职而不怨。此管仲之所以治齐而商君之所以强秦也。

【注释】

1 效：献出。度：法度。数：术数。

2 困：使……穷困，制服。

3 苟："拘"字之误，拘泥，束缚。

4 钧：古代重量单位，三十斤为一钧。渊：深水潭。

5 陵：大土山。颠：通"巅"，山顶。

6 弊：通"蔽"。

【译文】

用掌握了统治术的人做臣子，能够向君主献上有关法术的建议，对上彰明君主的法令，对下使奸臣走投无路，以此来使君主尊贵、国家安定。因此，有关法术的建议能够先向君主献上，那么赏罚就一定能跟着兑现了。君主如果能真正明察圣人的法术而不拘泥于世俗的议论，根据名称和事实是否符合来确定是非，凭借对事实的检验来审察言论，那么君主身边亲近熟悉的宠臣，就知道诡诈是不可能用来取得安乐的，就一定会说："我不抛弃邪恶的牟取私利的罪恶勾当，尽心竭力来侍奉君主，却竟然以互相勾结、胡乱毁谤或捧场来求取安乐，这就好像是背着上千钧的重量掉到了深得不可测量的水潭中还想求得生存一样，一定是没有什么指望的了。"各种官职上的官吏也知道干邪恶的勾当去牟取私利是不可能用来取得安乐的，就一定会说："我不用清白廉洁正直无邪奉公守法来求取安乐，竟然带着贪利卑污的念头违反法令来牟取私利，这就好像是登上了高山的山顶后又坠落到峻峭的山谷之下还想求生，一定是没有什么指望的了。"安乐和危险的道理若这样清楚，君主身边的近臣怎么能用假话空话来迷惑君主？而群臣百官又怎么敢因为贪婪而鱼肉百姓？因此，臣下能够向君主献上自己的忠诚而不蒙蔽君主，官吏能够恪守自己的职责而不怨恨君主。这就是管仲用来治理齐国的方法以及商君用来使秦国强大的措施啊。

从是观之，则圣人之治国也，固有使人不得不爱我之道，而不恃人之以爱为我也。恃人之以爱为我者危矣，恃吾不可不为者安矣。夫君臣非有骨肉之亲，正直之道可以得利，则臣尽力以事主；正直之道不可以得安，则臣行私以干上。明主知之，故设利害之道以示天下而已矣。夫是以人主虽不口教百官，不目索奸邪，而国已治矣。人主者，非目若离娄乃为明也[1]，非耳若师旷乃为聪也。目必不任其数[2]，而待目以为[3]，所见者少矣，非不弊之术也[4]。耳必不因其势[5]，而待耳以为聪，所闻者寡矣，非不欺之道也。明主者，使天下不得不为己视，天下不得不为己听，故身在深宫之中而明照四海之内。而天下弗能蔽弗能欺者，何也？暗乱之道废而聪明之势兴也。故善任势者国安，不知因其势者国危。古秦之俗[6]，君臣废法而服私[7]，是以国乱兵弱而主卑。商君说秦孝公以变法、易俗而明公道，赏告奸，困末作而利本事[8]。当此之时，秦民习故俗之有罪可以得免[9]、无功可以得尊显也，故轻犯新法。于是犯之者其诛重而必，告之者其赏厚而信。故奸莫不得而被刑者众，民疾怨而众过日闻[10]。孝公不听，遂行商君之法。民后知有罪之必诛而私奸者众也[11]，故民莫犯，其刑无所加。是以国治而兵强，地广而主尊。此其所以然者，匿罪之罚重而告奸之赏厚也。此亦使天下必为己视听之道也。至治之法术已明矣，而世学者弗知也。

【注释】

1 离娄：又叫离朱，传说是黄帝时代的人，视力特别好，能看得清百步以外极细小的东西。

2 目：看。必：诚，如果。任：用。数：术。

3 待：等待，引申为依靠。

4 弊：通"蔽"。

5 耳：听。因：凭借，依靠。

6 古秦：指变法前的秦国。

7 服：用。

8 困：使……穷困，抑制。末作：不重要的劳作，指工商业。利：使……有利，奖励。本事：根本的大事，指农业，包括耕种与手工纺织。

9 故：旧。

10 疾：憎恨，厌恶。过：指责，责难。

11 "私"字承上省"诛"字。有罪必诛，所以被惩处的私行和奸人很多，人们知道了，也就不敢犯法，刑罚也就没有施加的对象了。

【译文】

从上面所论述的这些情况来看，那么圣人治理国家，本来就有使人不得不爱他的办法，而不依靠别人出于仁爱才来为他效劳。依靠别人出于仁爱来效劳的就危险了；依靠使人不得不为自己效劳的办法，就能安定了。君臣之间并没有骨肉之亲，正直无邪的办法可以用来取得利益，那么臣下就会尽心竭力来侍奉君主；正直无邪的办法不能用来取得安乐，那么臣下就会搞私下的勾当来侵犯君主了。英明的君主懂得这个道理，所以设立了使人得利和受害的办法——赏罚制度——把它公布给天下的臣民就是了。因此君主虽然不亲口去教育训导群臣百官，不亲眼去监察搜索坏人坏事，而国家却已经治理好了。做君主的，并不是眼睛像离娄那样才算是视力好，也不是耳朵像师旷那样才算是听觉灵敏。观察事物如果不运用自己的权术，而依靠眼睛来，那么能看到的东西就少了，这绝不是不受蒙蔽的方法。打听情况如果不依靠自己的权势，而依靠耳朵，那么能听到的东西就少了，这绝不是不受欺骗的办法。英明的君主，使天下的臣民不得不为自己去观察事物，使天下的臣民不得不为自己去打听情况，所以自己住在深邃的宫殿之中就能明察四海之内。天下的臣民不能蒙蔽、不能欺骗他们君主的原因是什么呢？是因为愚昧混乱的办法被废除了而使自己耳聪目明的权势被建立了。所以善于运用权势的君主，他的国家就安定；不知道依靠自己权势的君主，他的国家就危乱。古时候秦国的风俗，君臣废弃法治而用自己的私智，因此国家混乱兵力衰弱而君主地位卑微。商君劝说秦孝公改变旧法、移风易俗来彰明奉公为国的原则，奖赏告发奸邪的行为，抑制对国家富强无关重要的劳作——工商业，而奖励关系到国家富强的根本大业——耕织。在这个时候，秦国的民众习惯于有罪可以赦免、无功可以显贵的旧风俗，所以轻易地触犯新法。对触犯新法的人，商君的惩罚严厉而且一定执行；对告发奸邪的人，商君的奖赏优厚而且严守信用。所以奸邪的人没有不被发现的，而受到惩处的人很多，百姓痛恨埋怨新法，众人的责难每天都能听见。秦孝公不加理睬，坚决推行商君的法令。民众后来知道有了罪一定要被惩处而被惩处的私行和奸人很多，所以民众中没有一个再敢违犯新法，以至于国家的刑罚竟没有施加的对象了。因此国家安定而兵力强大，领土广阔而君主尊贵。秦国之所以会这样，是对包庇隐藏罪犯的人处罚严厉而对检举揭发奸邪的人奖赏优厚的缘故啊。这也是使天下的臣民必须为自己去监察打听情况的办法啊。能使国家大治的法术已经是这样明白了，而现今社会上的那些学者们却一点也不知道。

　　且夫世之愚学，皆不知治乱之情，谲诽多诵先古之书[1]，以乱当世之治；智虑不足以避阱井之陷[2]，又妄非有术之士。听其言者危，用其计者乱，此亦愚之至大而患之至甚者也。俱与有术之士有谈说之名，而实相去千万也，此夫名同而实有异者也。夫世愚学之人比有术之士也，犹蚁垤之比大陵也[3]，其相去远矣。而圣人者，审于是非之实，察于治乱之情也。故其治国也，正明法，陈严刑，将以救群生之乱，去天下之祸，使强不陵弱，众不暴寡，耆老得遂[4]，幼孤得长，边境不侵，君臣相亲，父子相保，而无死亡系虏之患[5]，此亦功之至厚者也！愚人不知，顾以为暴[6]。愚者固欲治而恶其所以治，皆恶危而喜其所以危者。何以知之？夫严刑重罚者，民之所恶也，而国之所以治也；哀怜百姓轻刑罚者，民之所喜，而国之所以危也。圣人为法国者[7]，必逆于世而顺于道德[8]。知之者，同于义而异于俗[9]；弗知之者，异于义而同于俗。天下知之者少，则义非矣。

【注释】

1 讘诵（niè jiá）：喋喋不休。诵：述说。

2 阱：为防御或捕捉野兽而挖的陷坑。陷：陷入，掉入，指陷入阱井的危害。

3 垤：蚂蚁做窝时堆在穴口的小土堆，也叫"蚁封""蚁冢"。

4 耆：老人。遂：如愿，称心如意，指顺利地生活，享尽天年。

5 系：捆绑。

6 顾：反。

7 为法国：即"为法于国"，在国内推行法治。

8 道德：治国的规律，指韩非所主张的法术。

9 义：合宜的道德、行为或道理，这里指韩非提倡的法术。

【译文】

再说，现今社会上那些愚蠢的学者，都不了解国家是治是乱的实际情况，只是喋喋不休地大量搬弄古书上的道德说教，来扰乱当代的治理；他们的智谋还不够用来避开掉入陷阱与水井的危险，却还要胡乱地非难法术之士。听信了他们的言论，国家就会危险；采用了他们的计策，国家就会混乱；这些也就是最愚蠢而对国家的危害又是最严重的人了。他们同样和法术之士享有谈论政治、劝说君主的名声，而实际上却相差十万八千里，这些就是那名声相同而实质不同的人啊。现今社会上那些愚蠢的学者和法术之士相比，就好像蚂蚁洞口的小土堆和大山相比一样，相差得也太远了。而圣人，能够明白是非曲直的实际情况，能够明察是治是乱的真相。所以他治理国家的时候，公正地彰明法令，设置了严厉的刑法，用它来解除民众遭受的祸乱，消除天下的灾难，使强者不欺侮弱者，人多的大国不残害人少的小国，老人能够如愿地享尽天年，幼童孤儿能够得到抚育而成长，边境不受侵犯，君臣之间能够亲密相处，父子之间能够互相护养，而没有战死逃亡以及被囚禁俘虏的祸患，这就是最大的功绩啦！愚蠢的学者不懂得这些道理，反而以为这些做法是暴虐无道的。愚蠢的人固然想要国家治理得好，但却憎恶那用来治好国家的方法；都憎恶国家危亡，但却喜欢那导致国家危亡的因素。凭什么知道他们是这样的人呢？施行严厉的刑罚，是民众所厌恶的，但却是国家所以能治理好的方法；同情怜悯百姓而减轻刑罚，是民众所喜爱的，但却是国家发生危亡的原因。圣人在国内推行法治，必定要违反世俗偏见而顺应治国的规律。懂得这个道理的人，就会赞同那合宜的法术主张而不苟同于世俗的偏见；不懂得这个道理的人，就会反对那合宜的法术主张而赞同世俗的偏见。天下懂得这个道理的人少，那么这合宜的法术主张就被认为是错的了。

处非道之位[1]，被众口之谮[2]，溺于当世之言，而欲当严天子而求安，几不亦难哉[3]？此夫智士所以至死而不显于世者也[4]。楚庄王之弟春申君有爱妾曰余[5]，春申君之正妻子曰甲。余欲君之弃其妻也，因自伤其身以视君[6]，而泣曰："得为君之妾，甚幸。虽然，适夫人非所以事君也，适君非所以事夫人也。身故不肖[7]，力不足以适二主。其势不俱适，与其死夫人所者，不若赐死君前。妾以赐死[8]，若复幸于左右，愿君必察之，无为人笑。"君因信妾余之诈，为弃正妻。余又欲杀甲而以其子为后，因自裂其亲身衣之里以示君，而泣曰："余之得幸君之日久矣[9]，甲非弗知也，今乃欲强戏余。余与争之，至裂余之衣。而此子之不孝，莫大于此矣。"君怒，而杀甲也。故妻以妾余之诈弃，而子以之死。从是观之，父之爱子也，犹可以毁而害也。君臣之相与也，非有父子之亲也，而群臣之毁言，非特一妾之口也，何怪夫贤圣之戮死哉！此商君之所以车裂于秦，而吴起之所以枝解于楚者也。凡人臣者，有罪固不欲诛，无功者皆欲尊显。而圣人之治国也，赏不加于无功，而诛必行于有罪者也。然则有术数者之为人也，固左右奸臣之所害，非明主弗能听也。

【注释】

1 非道：受到非难的法术。

2 被：遭受。谮（zèn）：诬陷。

3 几：通"岂"。

4 智士：有智慧的人，指法术之士。显：显扬，传扬。显于世：在社会上享有声望，这是指智士的政治主张得到实现而受到社会的器重。

5 春申君：楚庄王之弟。非指战国时楚国贵族黄歇。

6 视：通"示"，给人看。

7 故：通"固"，本来。不肖：不贤，无能。

8 以：通"已"，已经。

9 得幸君：即"得幸于君"。

【译文】

法术之士处在自己的法术主张被非议的境地，又受到众人的诬陷，淹没在当代的流言蜚语之中，却想面对着严厉的君主去求得自身的安全，哪能不困难呢？这就是那有智谋的法术之士到死也不能在社会上显扬的原因啊。楚庄王的弟弟春申君有一个宠爱的妾名叫余，春申君正妻的儿子名叫甲。余想要让春申君遗弃他的正妻，便自己打伤了自己的身体来让春申君看，并哭泣着说："我能够做您的妾，感到十分幸运。但即使如此，顺从了夫人就无法来侍候您，顺从了您却又无法去侍候夫人。我自己本来就不成器，没有能力来顺从服侍好你们两人。现在那实际的情势是不能同时顺从侍候你俩，与其死在夫人那里，还不如在您的面前赐我一死。我被恩赐一死以后，如果您又爱上了您身边的其他人，希望您一定要明察这种难以同时侍候好夫人与您的情况，不要再被别人笑话。"春申君便相信了妾余的欺骗，为了妾而遗弃了正妻。余又想杀掉甲而让她的儿子作为继承人，便自己撕裂了她贴身衣服的里层来给春申君看，并哭泣着说："我余得到您宠爱的日子已经很长了，甲不是不知道啊，今天他竟然要强行调戏我。我和他抗争，以至于撕裂了我的衣服。这儿子这样不孝，实在没有什么罪行比这个更大的了。"春申君发怒了。便杀掉了甲。春申君的正妻因为妾余的欺骗而被遗弃了，而他的儿子也因为妾余的一番话被杀死了。从这一点来看，父亲就算是那样的爱儿子，但还是可能因为别人的谗毁而把儿子杀害。君臣之间的相互交往，并没有父子之间那种亲密的关系；而群臣的毁谤，又不是单单一个妾的嘴巴所能比拟的，因此，那些贤能圣明的人被杀死又有什么奇怪的呢？这就是商君在秦国被五马分尸的原因，也是吴起在楚国被肢解的缘由啊。凡是做臣子的，有了罪本来就不想受到惩处，没有功劳的却都想得到尊贵的地位和显赫的名声。而圣人治理国家，奖赏不加给没有功劳的人，而对于有罪的人刑罚一定要执行。这样一来，掌握了统治术的圣人生活在社会上，本来就是君主身边的奸臣所要陷害的对象，不是英明的君主是不会听信他们的法术主张的。

世之学者说人主，不曰“乘威严之势以困奸邪之臣”，而皆曰“仁义惠爱而已矣”。世主美仁义之名而不察其实，是以大者国亡身死，小者地削主卑。何以明之？夫施与贫困者，此世之所谓仁义；哀怜百姓不忍诛罚者，此世之所谓惠爱也。夫有施与贫困，则无功者得赏；不忍诛罚，则暴乱者不止。国有无功得赏者，则民不外务当敌斩首[1]，内不急力田疾作，皆欲行货财事富贵、为私善立名誉以取尊官厚俸。故奸私之臣愈众，而暴乱之徒愈胜，不亡何待？夫严刑者，民之所畏也；重罚者，民之所恶也。故圣人陈其所畏以禁其邪，设其所恶以防其奸，是以国安而暴乱不起。吾以是明仁义爱惠之不足用，而严刑重罚之可以治国也。无棰策之威、衔橛之备[2]，虽造父不能以服马[3]；无规矩之法、绳墨之端，虽王尔不能以成方圆[4]；无威严之势、赏罚之法，虽尧、舜不能以为治。今世主皆轻释重罚严诛，行爱惠，而欲霸王之功，亦不可几也[5]。故善为主者，明赏设利以劝之，使民以功赏而不以仁义赐；严刑重罚以禁之，使民以罪诛而不以爱惠免。是以无功者不望，而有罪者不幸矣。托于犀车良马之上[6]，则可以陆犯阪阻之患[7]；乘舟之安，持楫之利[8]，则可以水绝江河之难[9]；操法术之数[10]，行重罚严诛，则可以致霸王之功。治国之有法术赏罚，犹若陆行之有犀车良马也、水行之有轻舟便楫也，乘之者遂得其成。伊尹得之，汤以王；管仲得之，齐以霸；商君得之，秦以强。此三人者，皆明于霸王之术，察于治强之数，而不以牵于世俗之言[11]；适当世明主之意，则有直任布衣之士，立为卿相之处[12]；处位治国，则有尊主广地之实：此之谓足贵之臣。汤得伊尹，以百里之地立为天子；桓公得管仲，立为五霸主，九合诸侯，一匡天下；孝公得商君，地以广，兵以强。故有忠臣者，外无敌国之患，内无乱臣之忧，长安于天下，而名垂后世，所谓忠臣也。若夫豫让为智伯臣也[13]，上不能说人主使之明法术度数之理以避祸难之患，下不能领御其众以安其国[14]。及襄子之杀智伯也，豫让乃自黔劓[15]，败其形容，以为智伯报襄子之仇。是虽有残形杀身以为人主之名，而实无益于智伯若秋毫之末[16]。此吾之所下也，而世主以为忠而高之。古有伯夷、叔齐者，武王让以天下而弗受，二人饿死首阳之陵[17]。若此臣，不畏重诛，不利重赏，不可以罚禁也，不可以赏使也，此之谓无益之臣也。吾所少而去也，而世主之所多而求也。

【注释】

1 "外"字当在"不"字前。当：抵挡。

2 棰：通"箠"，马鞭。策：马鞭。衔：马嚼子，勒在马口中的铁。橛：马嚼子，马口所衔的横木。备：设备，装备。

3 造父：人名，春秋时晋国人，善于驾车。

4 王尔：古代巧匠。

5 几：通"冀"，希望。

6 托：寄托，依靠。犀：坚固。

7 犯：触犯，冒犯，冲撞。阪：山坡。阻：要塞，险要的地方。患：忧患，患难。陆犯阪阻之患：指在陆地上冲破艰难险阻。

8 持：通"恃"，倚仗，依赖。

9 绝：越过，横渡。

10 数：技术，方法。

11 牵：牵制，拘泥。

12 为：于，在。卿：古代高级官名、爵位名，在公之下、大夫之上。

13 豫让：春秋末期晋国人。

14 领：带领，领导。御：驾驭，控制。

15 黥：黑色，用作动词，指涂黑皮肤。劓：割掉鼻子。

16 若：像。秋毫：兽类在秋天新长出来的毫毛。末：末端。秋毫之末：形容极其微小。

17 首阳之陵：指首阳山，位于今山西运城西南。

【译文】

当代的学者劝说君主，不说"凭借威严的权势去抑制奸邪的臣子"，却都说"只要仁义惠爱就可以治国了"。当代的君主欣赏仁义的名声而不去考察它的实质，因此程度严重的导致国家灭亡而君主身死，程度稍轻的也使得国家领土削减而君主地位低下。凭什么来说明这一点呢？施舍周济贫困的人，这是世俗所谓的仁义；同情怜悯百姓而不忍心施行刑罚，这是世俗所谓的惠爱。但有了对贫困者的施舍周济，没有功劳的人就会得到赏赐；不忍心施行刑罚，暴虐作乱的人就不能被禁止。国家有了没有功劳就得到奖赏的人，那么臣民对外就不致力于抵挡入侵的敌人而斩首杀敌，在国内就不急切地尽力从事耕作，而都想进行贿赂去奉承豪门贵族，做私下的好事来树立声誉，用这种办法来谋取高官厚禄。所以干邪恶的勾当而谋取私利的奸臣越来越多，而暴虐作乱的党徒更加占优势了，这样下去，国家除了灭亡，还能等得到什么好结果呢？严刑，是民众所害怕的东西；重罚，是民众所厌恶的东西。所以圣人设置了民众所害怕的严刑来禁止他们的邪恶，设立了民众所厌恶的重罚来防止他们的狡诈，因此国家安定而暴虐作乱的事件不发生。我因此而明白了仁义惠爱不值得采用，而严刑重罚可以用来治理国家。如果没有马鞭的威势、马嚼子的装备，即使是造父这样的驾车能手也不能制服骏马；如果没有圆规、角尺的规范和墨线的正直，即使是王尔这样的巧匠也不能画出方形和圆形；如果没有威严的权势、赏罚的制度，即使是尧、舜这样的贤君也不能来进行治理。现在的君主都轻率地放弃了严刑重罚，奉行仁爱慈惠，还想建立称霸称王的功业，这是不可能有什么希望的啊。

所以善于做君主的人，彰明奖赏的制度、设置获得利禄的规章来鼓励臣民，使臣民因为有了功劳而受到奖赏，不因为君主奉行仁义而受到恩赐；设置了严刑重罚来限制臣民，使臣民因为犯了罪而受到惩处，不因为君主奉行仁爱慈惠而被赦免。因此没有功劳的人不指望得到赏赐，而有罪的人也没有侥幸逃脱惩罚的心理了。坐上坚固的车子，驾上优良的骏马，就可以在陆地上克服山坡险阻造成的困难；凭借船的安稳，依靠船桨的便利，就可以在水上越过江河阻隔的困难；掌握了法术之道，实行严刑重罚，就可以取得称霸称王的功业。治理国家有了法术赏罚，就好像在陆地上行进有了坚固的车子和优良的马匹，在水面上航行有了轻快的船只和便利的船桨，凭借法术赏罚的人就能获得成功。伊尹掌握并运用了法术赏罚，商汤因此而称王天下；管仲掌握并运用了法术赏罚，齐桓公因此而称霸诸侯；商君掌握并运用了法术赏罚，秦国因此而强大无敌。这三个人，都明白使君主称霸称王的法术，清楚使国家安定强大的方法，而不把自己局限在世俗的议论之中；由于合乎当时英明君主的心意，因此就有了他们这种直接被提拔任用的平民百姓，一下子站在贵卿、相国的位置上；他们处在这样的高位上来治理国家，就有了使君主尊贵、使领土扩大的实绩：这种人才称得上是值得尊重的大臣。商汤得到了伊尹，只依靠了百里见方的领土就做了天子；齐桓公得到了管仲，就成为春秋五霸的第一个霸主，多次会合诸侯，使天下归于一致而恢复了正道；秦孝公得到了商君，领土因此而扩大，兵力因此而强大。所以君主有了忠臣，对外就不会有敌国入侵的灾难，对内也不会有奸臣作乱的忧患；活着可以使天下长治久安，死了可以使自己的名声流传到后代，有这种功德的臣子才是我所说的忠臣。至于那豫让做智伯的家臣，向上不能劝说自己的主子使他明了法度术数等治国之道来避免遭灾受难的祸患，向下又不能领导智伯的民众来安定智伯的封国。等到赵襄子杀掉了智伯，豫让才涂黑了皮肤，割去了鼻子，毁坏了自己的形体容貌，用这种办法去为智伯报赵襄子的仇。这种臣子虽然有残害自己的容貌、献出自己的生命来为君主效劳的名声，而实际上对于智伯没有一点点好处。这种臣子是我所鄙视的，但当代的君主却认为他忠于君主而尊崇他。古代有伯夷、叔齐这种人，周武王把天子的位置让给他们而他们也不接受，两个人宁愿饿死在首阳山。像这样的臣子，不怕严厉的刑罚，不贪图优厚的奖赏，不可以用刑罚来限制他们，不可以用奖赏来驱使他们，这叫作对君主没有裨益的臣子。这种臣子是我所鄙视而抛弃的，但却是当代的君主所赞赏而访求的。

谚曰："厉怜王[1]。"此不恭之言也。虽然，古无虚谚，不可不察也。此谓劫杀死亡之主言也。人主无法术以御其臣，虽长年而美材，大臣犹将得势擅事主断，而各为私急。而恐父兄豪杰之士，借人主之力，以禁诛于己也，故弑贤长而立幼弱，废正的而立不义。故《春秋》记之曰[2]："楚王子围将聘于郑[3]，未出境，闻王病而反。因入问病，以其冠缨绞王而杀之，遂自立也。齐崔杼，其妻美，而庄公通之[4]，数如崔氏之室。及公往，崔子之徒贾举率崔子之徒而攻公。公入室，请与之分国，崔子不许；公请自刃于庙，崔子又不听；公乃走，逾于北墙。贾举射公，中其股，公坠，崔子之徒以戈斫公而死之，而立其弟景公[5]。"近之所见，李兑之用赵也，饿主父百日而死[6]；淖齿之用齐也[7]，擢湣王之筋[8]，悬之庙梁，宿昔而死。

故厉虽痈肿疕疡[9]，上比于《春秋》，未至于绞颈射股也；下比于近世，未至饿死擢筋也。故劫杀死亡之君，此其心之忧惧、形之苦痛也，必甚于厉矣。由此观之，虽"厉怜王"可也。

【注释】

1 厉：同"疠"。麻风病。

2《春秋》：中国现存的第一部编年体史书，内容包括政治、军事、经济、文化、天文气象、物质生产、社会生活等诸方面，是当时有准确时间、地点、人物的原始记录。

3 王子围：人名。春秋时期楚共王的儿子，名围，任楚国令尹，公元前 541 年杀楚王郏敖自立，即楚灵王。楚灵王：又称楚荆王，春秋时期楚国君主。

4 庄公：春秋时期齐国君主。

5 景公：春秋时齐国的国君，名杵臼。

6 主父：即赵武灵王，

7 淖齿：人名，战国时期楚国将领。

8 湣王：战国时期齐国的君主，齐宣王之子。

9 痈：一种毒疮，患者的皮肤和皮下组织发炎化脓，非常疼痛。疕（bǐ）：一种头部生的疮，患者头发脱落，头痛。疡：疮、痈、疽、疖等的通称，创伤。

【译文】

古话说："麻风病患者都怜悯君主。"这是对君主不尊敬的话。然而古代没有虚妄的谚语，不能不详察。这句话是针对被劫杀死亡的君主说的。君主不用法术来驾驭他的臣下，即使年龄高而资质好，大臣得势后也还会擅自处理和决断事情，来各顾私利，害怕君主亲戚和豪杰之士借助君主的力量来约束和诛罚自己，所以杀掉贤良成年的君主而拥立幼小懦弱的君主，废掉正宗嫡子而立不该继位的人。所以《左传》记载说："楚王的儿子围将访问郑国，还没出境，听说楚王病重就返回朝廷。借着进去探病，用他系帽的带子勒死了楚王，于是自立为楚王。齐国崔杼的妻子长得美丽，齐庄公和她通奸，多次进入崔杼的屋里。等到庄公又一次到来时，崔杼的家臣贾举就率领崔杼的手下人攻打庄公。庄公逃到屋内，请求和崔杼平分国家，崔杼不答应，庄公请求在宗庙里自杀，崔杼仍不答应，于是庄公就逃跑，翻过北墙。贾举射击庄公，射中了大腿，庄公掉下墙来，崔杼的手下用戈把庄公杀死了，然后崔杼拥立庄公的弟弟景公做君主。"近期所见：李兑在赵国掌权，赵武灵王被困百天而饿死；淖齿在齐国掌权，抽了齐湣王的筋，吊在宗庙的梁上，过了一夜死去。所以，虽然麻风病痈肿疮烂，上比于春秋时代，还不至于勒颈射腿；下比于近世，还不至于饿死抽筋。所以被劫杀而死亡的君主，他们内心的忧惧，肉体的痛苦，一定超过了麻风病患者。由此看来，即使是说"麻风病患者都哀怜君主"，那也是可以理解的。

【评点】

本篇论述奸邪之臣、劫主之臣、弑君之臣三类奸臣的奸行与治奸的措施，提出选用臣子和鉴别臣子的方法，较全面地反映了韩非反对儒学而提倡法、术、势兼治的政治思想。

文章认为君主就不同于一般人。君主可以创设机制、发布命令等，以此来造成一个大环境。他既可以引导人们向左，又可以引导人们向右，关键就在于他示之于天下的，究竟是什么。这是因为君主掌握了集中的大力量，他有这个"势"。

亡征第十五

　　凡人主之国小而家大，权轻而臣重者，可亡也。简法禁而务谋虑[1]，荒封内而恃交援者，可亡也。群臣为学，门子好辩，商贾外积，小民右仗者[2]，可亡也。好宫室台榭陂池，事车服器玩，好罢露百姓[3]，煎靡货财者[4]，可亡也。用时日，事鬼神，信卜筮而好祭祀者，可亡也。听以爵不待参验，用一人为门户者，可亡也。官职可以重求，爵禄可以货得者，可亡也。缓心而无成，柔茹而寡断[5]，好恶无决而无所定立者，可亡也。饕贪而无餍[6]，近利而好得者，可亡也。喜淫辞而不周于法，好辩说而不求其用，滥于文丽而不顾其功者，可亡也。浅薄而易见，漏泄而无藏，不能周密而通群臣之语者，可亡也。很刚而不和[7]，愎谏而好胜，不顾社稷而轻为自信者，可亡也。

恃交援而简近邻，怙强大之救而侮所迫之国者[8]，可亡也。羁旅侨士[9]，重帑在外，上间谋计[10]，下与民事者，可亡也。民信其相，下不能其上[11]，主爱信之而弗能废者，可亡也。境内之杰不事，而求封外之士，不以功伐课试，而好以名问举错[12]，羁旅起贵以陵故常者，可亡也。轻其适正[13]，庶子称衡[14]，太子未定而主即世者，可亡也。大心而无悔，国乱而自多，不料境内之资而易其邻敌者，可亡也。国小而不处卑，力少而不畏强，无礼而侮大邻，贪愎而拙交者，可亡也。太子已置，而娶于强敌以为后妻，则太子危，如是，则群臣易虑；群臣易虑者，可亡也。怯慑而弱守，蚤见而心柔懦，知有谓可，断而弗敢行者，可亡也。出君在外而国更置，质太子未反而君易子，如是则国携[15]；国携者，可亡也。挫辱大臣而狎其身，形戮小民而逆其使，怀怒思耻而专习，则贼生；贼生者，可亡也。大臣两重，父兄众强，内党外援以争事势者，可亡也。婢妾之言听，爱玩之智用，外内悲惋而数行不法者，可亡也。简侮大臣，无礼父兄，劳苦百姓，杀戮不辜者，可亡也。好以智矫法，时以行杂公，法禁变易，号令数下者，可亡也。无地固，城郭恶，无畜积，财物寡，无守战之备而轻攻伐者，可亡也。种类不寿，主数即世，婴儿为君，大臣专制。树羁旅以为党，数割地以待交者，可亡也。太子尊显，徒属众强，多大国之交，而威势蚤具者，可亡也。变褊而心急[16]，轻疾而易动发，心悁忿而不訾前后者[17]，可亡也。主多怒而好用兵，简本教而轻战攻者，可亡也。贵臣相妒，大臣隆盛，外藉敌国、内困百姓以攻怨仇，而人主弗诛者，可亡也。君不肖而侧室贤，太子轻而庶子伉[18]，官吏弱而人民桀[19]，如此，则国躁；国躁者，可亡也。藏怨而弗发，悬罪而弗诛，使群臣阴憎而愈忧惧，而久未可知者，可亡也。出军命将太重，边地任守太尊，专制擅命，径为而无所请者，可亡也。后妻淫乱，主母畜秽，外内混通，男女无别，是谓两主；两主者，可亡也。后妻贱而婢妾贵，太子卑而庶子尊，相室轻而典谒重，如此，则内外乖[20]；内外乖者，可亡也。大臣甚贵，偏党众强，壅塞主断而重擅国者，可亡也。私门之官用，马府之世绌[21]，乡曲之善举，官职之劳废[22]，贵私行而贱公功者，可亡也。公室虚而大臣实，正户贫而寄寓富，耕战之士困，末作之民利者，可亡也。见大利而不趋，闻祸端而不备，浅薄于争守之事，而务以仁义自饰者，可亡也。不为人主之孝，而慕匹夫之孝，不顾社稷之利，而听主母之令，女子用国，刑余用事者，可亡也。辞辩而不法，心智而无术，主多能而不以法度从事者，可亡也。亲臣进而故人退，不肖用事而贤良伏，无功贵而劳贱苦，如是，则下怨；下怨者，可亡也。父兄大臣禄秩过功，章服侵等，宫室供养大侈，而人主弗禁，则臣心无穷；臣心无穷者，可亡也。公婿公孙与民同门，暴傲其邻者，可亡也。

【注释】

1 简：怠慢。

2 右：古文"祐"与"右"同字，这里是"保佑"的意思。仗：依靠，依赖。

3 露：败坏。

4 煎：本义为煎熬，这里引申为榨取之意。靡：浪费。

5 茹：猜度，估计。

6 饕（tāo）：形容极贪欲、极贪财的样子。餍：吃饱。

7 很：通"狠"，凶狠。很刚：就是凶悍的意思。

8 怙：依仗，凭借。

9 羁：寄居，旅寓。

10 间：参与。

11 能：亲善和睦。

12 错：通"措"，举措，措施。

13 適：古通"嫡"。正妻生的长子称嫡子，简称"嫡"。

14 衡：同"横"，蛮横。

15 携：背离、离散的意思。这里引申为有二心。

16 变：通"辩"，忧愁。褊：气量狭小。

17 悁（yuān）：愤懑。訾（zī）：衡量，计量。

18 伉：高贵，高尚。

19 桀：通"杰"，杰出，出众。

20 乖：背离，违背，不和谐。

21 绌：通"黜"，罢黜，贬退。

22 劳：忧愁，愁苦。

【译文】

凡是君主国家弱小而卿大夫封国强大，君主权势轻而臣下权势重，这个国家就可能要灭亡。轻视法令而好用计谋，荒废内政而依赖外援的，这个国家就可能要灭亡。群臣研读儒、墨之学，卿大夫正妻所生的儿子爱好辩说，商人在外囤积财富，百姓崇尚私斗，这个国家就可能要灭亡。爱好兴建宫殿馆舍高台敞屋、筑堤挖池，爱好车马服饰玩物，喜欢让百姓疲劳困顿，榨取与浪费百姓的货物钱财，这个国家就可能要灭亡。做事情得用占卜来选择吉日良辰，敬奉鬼神，迷信卜筮，喜好祭神祀祖，这个国家就可能要灭亡。君主听取意见只凭爵位的高低，而不依靠事实来加以检验，只通过一个人来通报情况，这个国家就可能要灭亡。官职可以借助权势求得，爵禄可以用钱财买到，这个国家就可能要灭亡。办事迟疑而没有成效，软弱怯懦而优柔寡断，对好坏不会判断因而拿不定主意，这个国家就可能要灭亡。极其贪婪而不知满足，追求财利而爱占便宜，这个国家就可能要灭亡。喜欢浮夸言辞而不合于法，爱好夸夸其谈而不求实用，陶醉于文采的美妙而不顾它的作用，这个国家就可能要灭亡。君主浅薄而轻易表露感情，经常泄露机密而不能很好地加以隐藏，无法严密戒备而通报群臣言论的，这个国家就可能要灭亡。凶狠暴戾而不随和，固执地不听别人的劝谏而喜欢盛气凌人，不顾国家安危而自以为是的，这个国家就可能要灭亡。依仗盟国援助而怠慢邻国，倚仗强大国家的援救而轻侮紧靠着的邻国，这个国家就可能要灭亡。寄居在国内的外客与侨居在国内的游士，把大量钱财存放在国外，向上能参与国家机密，向下干预民众的事务，这个国家就可能要灭亡。民众只相信相国，臣民不服从君主，但君主仍然宠爱信任相国而不能把他废除，这个国家就可能要灭亡。国内的杰出人才不能够委以重任，反而去追求国外的人士，不按照功劳考核政绩，而喜欢根据名望声誉来提拔安置官吏，寄居在国内的外客与侨居在国内的游士升为高官而凌驾于本国原有大臣之上的，这个国家就可能要灭亡。君主使自己正妻所生的长子地位低微，妾生的儿子与正妻所生的儿子地位相当，太子还未确定而君主就去世了的，国家就可能要灭亡。君主狂妄自大而不思悔改，国家混乱不堪还自吹形势大好，不估计本国实力而轻视邻近敌国，这个国家就可能要灭亡。国家弱小而不肯处在低下的地位，力量微弱而不怕强大的国家，没有礼仪而侮辱邻近大国，贪婪固执而不懂外交，这个国家就可能要灭亡。太子已经确立，君主却又娶强大敌国的女子作为正妻，那么太子就危险了，这样一来，群臣就会变心；群臣变心，这个国家就可能要灭亡。胆小怕事而不敢坚持己见，问题早已发现而心肠软弱不敢去解决，知道可以怎样做，但决定了又不敢去做的，这个国家就可能要灭亡。君主出国在外而国内另立君主，在国外当人质的太子还没有回国而君主另立了太子，这样国人就有二心；国人有二心，这个国家就可能要灭亡。折磨污辱了大臣而又亲近他，处罚了平民百姓而又违反情理去使用他们，这些人心怀不满，无法忘记他们所遭受的，而君主又和他们特别亲近，那么就会发生劫杀事件，发生劫杀事件，这个国家就可能要灭亡。大臣中有两个同时被重用，君主亲戚人多势强，内结党羽外借交援来争权势的，这个国家就可能要灭亡。听信婢妾的谗言，使用近臣的计谋，朝廷内外都为此悲痛惋惜而君主还是屡次干不合法度之事，这个国家就可能要灭亡。简慢凌侮大臣，对叔伯、兄弟没有礼貌，劳累百姓，杀戮无辜的，这个国家就可能要灭亡。君主喜欢凭自己的聪明才智去改变法制，常用私行扰乱公事，法令不断改变，号召命令屡次下达，这个国家就可能要灭亡。没有险要易守的地形，城墙不坚固，国家没有积蓄，财物贫乏，没有防守和打仗的准备却轻易去进攻别国，这个国家就可能要灭亡。国君的家族寿命不长，君主接连去世，婴儿当国君，大臣专权，扶植外来游士作为党羽，并屡次割让领土去款待盟国，这个国家就可能要灭亡。尊贵显赫，党徒人多势强，又与很多大国都有结交，而个人威势过早具备的，这个国家就可能要灭亡。君主内心忧郁、胸襟狭窄而性情急躁，轻率而容易冲动，心里有了愤怒就无法思前顾后，这个国家就可能要灭亡。君主容易发怒而喜欢打仗，忽视务农练兵而轻易地发动战争，这个国家就可能要灭亡。贵臣互相嫉妒，大臣兴旺强盛，在外凭借敌国，在内困扰百姓，以便攻击冤家对头，而君主却不能惩处他们，这个国家就可能要灭亡。君主没有德才而他的兄弟却很贤能，太子懦弱而其他的儿子强盛，官吏软弱而百姓不服管教，这样的话国家就会动荡不安；国家动荡不安，国家就可能要灭亡。君主心里对臣子怀有怨恨而不发出来，搁置罪犯而迟迟不动用刑罚，使群臣暗中憎恨君主而更加担心害怕，并且长期不知结局会怎样，这个国家就可能要灭亡。带兵在外的统帅权势太大，任命边疆地区的郡守时给他们的地位太高，独断专行，直接处事而不请示报告，这个国家就可能要灭亡。皇后正妻淫乱，太后畜养淫乱的奸夫，内外混杂串通，男女之间没有尊卑之分，这样就形成了两个权力中心；形成两个权力中心，这个国家就可能要灭亡。皇后正妻地位低下而婢女小妾地位高贵，太子被贬抑而其他的儿子反受到尊重，执政大臣权轻而通报官吏权重，这样就会内外乖戾；内外乖戾，这个国家就可能要灭亡。大臣非常显贵，他的党羽人数众多而势力强大，封锁君主决定而又独揽国政，这个国家就可能要灭亡。大臣门下的家臣被任用，历代从军的功臣却被排斥，偏僻乡村中的那些有好名声的隐士被提拔，在职官员的功劳反被抹杀，尊重牟取私利的行为而鄙视为国家立功的劳作，这个国家就可能要灭亡。国家空虚而大臣殷实，有正式常住户口的人家贫穷而没有固定户籍来寄居的人却很富裕，农民战士困顿，而工商业者得利，这个国家就可能要灭亡。看到根本利益不去追求，知道祸乱的苗头不加戒备，对于战争攻守的事情见识十分浅薄，而致力于用仁义粉饰自己，这个国家就可能要灭亡。不奉行君主的孝道去致力于保住自己的尊贵地位，而仰慕一般人的孝道，不顾国家利益，而听从太后的命令，让女人当道治国，宦官掌权，这个国家就可能要灭亡。夸夸其谈而不合法令，头脑聪明而缺乏策略，君主很有才能但不按照法度来办事，这个国家就可能要灭亡。亲近的臣子被任用而原来的臣子被辞退，无能得以重用而贤良却被埋没，没有功劳的人地位显贵而为国家辛苦劳动的人地位却很卑贱。这样臣民就要怨恨；臣民怨恨，这个国家就可能要灭亡。叔伯、兄弟、大臣的俸禄等级超过了他们的功劳所应该得到的标准，旗帜车服超过规定的等级，他们的住房、给养太过奢侈，而君主不加禁止，臣下的欲望就没有止境；臣下欲望没有止境，这个国家就可能要灭亡。王亲国戚和普通百姓同里居住，对他们的邻居横行霸道，这个国家就可能要灭亡。

亡征者，非曰必亡，言其可亡也。夫两尧不能相王，两桀不能相亡；亡、王之机，必其治乱、其强弱相踦者也。木之折也必通蠹，墙之坏也必通隙。然木虽蠹，无疾风不折；墙虽隙，无大雨不坏。万乘之主，有能服术行法以为亡征之君风雨者，其兼天下不难矣！

【译文】

有了亡国征兆的君主，不是说国家一定灭亡，而是说它可能灭亡。两个像尧一样的贤明君主不可能互相统治对方，两个像桀一样的暴君不可能互相消灭对方；灭亡或称王的关键，必定取决于双方治乱强弱的不平衡。树木折断一定是因为被蛀虫蛀通了，墙壁倒塌一定由于裂缝。然而树木虽然被蛀蚀了，没有疾风是不会折断的；墙壁虽然有了裂缝，没有暴雨是不会倒塌的。大国的君主，如能运用法术作为暴风骤雨去摧毁那些已有亡国征兆的国君，那么他兼并天下也就很容易了！

【评点】

亡征，就是国家灭亡的征兆。文章首先列举了四十七种亡国的征兆。这四十七种亡国的征兆，韩非并没有对政治现实的简单罗列，而是从政治、经济、军事、外交、文化乃至君主的爱好及其家庭情况等方面，进行了广泛而又深入的考察后，对各种政治教训所做出的理论概括，所以具有非常普遍的理论意义。不但反映了春秋战国时期的政治状况，而且也有助于我们对历代封建王朝崩溃原因的分析。本篇是我国古代政治理论中的瑰宝，它在详尽地指出了亡国的内在根源以后，又强调了亡国的外部条件，由此可以看出，韩非的思想中包含着非常合理的辩证法思想。从本篇最后的："万乘之主，有能服术行法以为亡征之君风雨者，其兼天下不难矣！"我们可以看出作者写作此篇的目的，实际上是希望大国之君在消除本国"亡征"的同时，进而依靠法术来成就帝王大业。

三守第十六

人主有三守。三守完[1]，则国安身荣[2]；三守不完，则国危身殆。何谓三守？人臣有议当途之失、用事之过、举臣之情[3]，人主不心藏而漏之近习能人，使人臣之欲有言者，不敢不下适近习能人之心，而乃上以闻人主。然则端言直道之人不得见，而忠直日疏。爱人，不独利也，待誉而后利之；憎人，不独害也，待非而后害之。然则人主无威而重在左右矣。恶自治之劳惮[4]，使群臣辐凑用事[5]，因传柄移藉[6]，使杀生之机、夺予之要在大臣，如是者侵。此谓三守不完。三守不完，则劫杀之征也。

【注释】

1 完：这里用为完备、完整之意。

2 荣：安全。

3 当途：掌权的人。用事：执政。

4 劳悖：劳累。

5 辐凑：车轮的辐条向车轮中心聚集。

6 藉：君位。

【译文】

君主有三条应该遵守的原则。这三条原则使用得很好，国家就会安定而自身荣贵；这三条原则使用得不好，国家就会危亡而自身危险。什么是君主应该掌握的三条原则？这三条原则是：第一，臣子中有议论当权者的过失、执政者的错误以及揭发一般臣子隐情的，君主不将上述言语隐藏在心中而泄露给身边的亲信和因为善于钻营而受欢迎的人，使臣子中想向君主进言的人不得不先屈从于亲信权贵的心意，然后才向上把这些话说给君主听。这样，讲话正直、办事诚实的人就不能见到君主，而忠诚耿直的人就逐渐被疏远了。第二，君主喜欢某一个人，不独自奖赏他，等到有人赞誉他后才加以奖赏；君主憎恨某一个人，不独自处罚他，等到有人反对他后才加以处罚。如此，君主就没有威势，而权势全落在身边的人手里了。第三，君主厌恶亲理政事的劳累，使群臣像车辐条聚集于车毂似的归聚在一起，中心发生了变化，权柄和势位就会发生转移，使生杀、赏罚的机要大权都握在大臣手中，这样的话君主就要受到侵害。以上所说就是君主应该掌握的三条原则。君主应该掌握的三条原则使用得不好，就出现了劫杀君主、篡夺君位的征兆。

　　凡劫有三：有明劫，有事劫，有刑劫，人臣有大臣之尊，外操国要以资群臣，使外内之事非已不得行。虽有贤良，逆者必有祸，而顺者必有福。然则群臣直莫敢忠主忧国以争社稷之利害。人主虽贤，不能独计，而人臣有不敢忠主[1]，则国为亡国矣。此谓国无臣。国无臣者，岂郎中虚而朝臣少哉[2]？群臣持禄养交，行私道而不效公忠，此谓明劫。鬻宠擅权，矫外以胜内，险言祸福得失之形，以阿主之好恶。人主听之，卑身轻国以资之，事败与主分其祸，而功成则臣独专之。诸用事之人，一心同辞以语其美，则主言恶者必不信矣。此谓事劫。至于守司囹圄，禁制刑罚，人臣擅之，此谓刑劫。三守不完，则三劫者起；三守完，则三劫者止。三劫止塞，则王矣。

【注释】

1 有：通"又"。

2 郎中：官名，君主的侍从，主要负责通报和警卫的工作。

【译文】

大凡篡夺君位有三种情形：有公开篡权的，有通过政事篡权的，有专擅刑罚篡权的。臣子有了显要地位，在外面操纵国家大权来收买群臣，使朝廷内外的事情不通过自己就不能办。虽有贤能正直的人，违逆他的一定遭祸，顺从他的一定得福。这样一来，群臣中简直就没有敢于忠君忧国而为国家利益抗争的人了。君主虽然贤明，但不能独自决策，而臣子又不敢忠君，那么国家就成为亡国了。这叫作国家没有臣子。所谓国家没有臣子，难道是君主缺少近侍或者朝臣吗？群臣用俸禄去豢养党羽，营私谋利而不尽忠报国，这叫公开篡权。卖弄君主对他的宠爱，独揽大权，依托外部势力来制服内部，危言耸听地渲染祸福得失的形势，用来迎合君主的好恶。君主听了，就是降低身份轻视国家利益来资助他们。事情失败了，就让君主分担祸害；事情成功了，臣子就独占功劳。许多处理政事的人，众口同声地说他好，那么君主再说他不好就一定不被信服了，这叫通过政事篡权。至于职司监狱掌管刑罚，如果出现了臣下独揽专断的情况，就成为专擅刑罚来篡权的了。"三守"不完备，"三劫"就产生了；"三守"完备，"三劫"就能禁止了。"三劫"一经禁止、杜绝，君主就可以统治天下了。

【评点】

“三守”，是指君王要遵守的三条原则：不心藏而漏之近习能人，独掌刑赏大权，亲理朝政。如果三守不完，臣下就会有“三劫”：明目张胆地篡权，通过政事和专擅刑罚篡权。本篇是韩非为君王设谋，通过“三守”和“三劫”等统治手段来驾驭群臣，巩固权力。

备内第十七

人主之患在于信人。信人，则制于人。人臣之于其君，非有骨肉之亲也，缚于势而不得不事也。故为人臣者，窥觇其君心也无须臾之休[1]，而人主怠傲处其上，此世所以有劫君弑主也。为人主而大信其子，则奸臣得乘于子以成其私，故李兑傅赵王而饿主父[2]。为人主而大信其妻，则奸臣得乘于妻以成其私，故优施傅丽姬、杀申生而立奚齐[3]。夫以妻之近与子之亲而犹不可信，则其余无可信者矣。

【注释】

1 窥觇（chān）：这里用为暗中察看之意。

2 主父：即赵武灵王，名雍。战国时期赵国的君主。

3优施：人名，晋献公的一个艺人。丽姬：人名，或称骊姬，晋献公的妾。申生：人名，晋献公的儿子。奚齐：人名，晋献公和丽姬的儿子。

【译文】

君主的祸患在于信任别人。信任别人，那就会被别人所控制。臣子对于他们的君主，不是因为有什么骨肉之亲才为君主效劳的，而是因为受到权势的约束而不得不为君主效劳。所以做臣子的窥测他们君主心意的举动没有一会儿停止过，而君主却懈怠傲慢地高居在他们的上面，这就是世上会发生劫持国君杀害人主的原因啊。做君主的如果十分信任自己的儿子，那么奸臣就能凭借这儿子来使自己的阴谋得逞，所以李兑辅佐赵惠文王而把赵武灵王饿死了。做君主的如果十分信任自己的妻子，那么奸臣就能利用这妻子来使自己的阴谋得逞，所以优施教骊姬进谗言杀死了申生而立奚齐为太子。凭妻子这样接近的关系和儿子这样亲爱的身份，尚且不可以信任，那么其余的人就更没有可以信任的了。

　　且万乘之主、千乘之君，后妃、夫人、适子为太子者[1]，或有欲其君之蚤死者[2]。何以知其然？夫妻者[3]，非有骨肉之恩也，爱则亲，不爱则疏。语曰："其母好者其子抱[4]。"然则其为之反也，其母恶者其子释。丈夫年五十而好色未解也[5]，妇人年三十而美色衰矣。以衰美之妇人事好色之丈夫，则身见疏贱，而子疑不为后，此后妃、夫人之所以冀其君之死者也。唯母为后而子为主，则令无不行，禁无不止，男女之乐不减于先君，而擅万乘不疑，此鸩毒扼昧之所以用也[6]。故《桃左春秋》曰："人主之疾死者不能处半。"人主弗知，则乱多资。故曰：利君死者众，则人主危。故王良爱马[7]，越王勾践爱人，为战与驰。医善吮人之伤，含人之血，非骨肉之亲也，利所加也。故舆人成舆，则欲人之富贵；匠人成棺，则欲人之夭死也。非舆人仁而匠人贼也。人不贵，则舆不售；人不死，则棺不买。情非憎人也，利在人之死也。故后妃、夫人、太子之党成而欲君之死也，君不死，则势不重。情非憎君也，利在君之死也。故人主不可以不加心于利己死者。故"日月晕围于外，其贼在内；备其所憎，祸在所爱"。是故明王不举不参之事，不食非常之食；远听而近视以审内外之失，省同异之言以知朋党之分，偶叄伍之验以责陈言之实[8]；执后以应前，按法以治众，众端以参观；士无幸赏，赏无逾行[9]；杀必当，罪不赦：则奸邪无所容其私。

【注释】

1 适：通"嫡"。

2 蚤：通"早"。

3 夫：发语词。

4 好：爱。

5 解：通"懈"。

6 鸩：一种毒鸟，此指用鸩的羽毛泡成的毒酒。昧：通"刿"，割。

7 王良：赵简子的车夫，以善于驾车闻名。

8 偶：对比。

9 行：赏赐。

【译文】

况且拥有万辆兵车的大国君主和拥有千辆兵车的小国君主，他们的王后妃子、夫人以及正妻生的长子做了太子的，或许有想要他们的君主早一点死的人。凭什么知道他们会这样想呢？因为那妻子，与丈夫并没有骨肉般的恩情，相爱就亲近，不爱就疏远。俗话说："那母亲受到宠爱的，她的孩子就常被父亲抱在怀里。"那么如果把它反过来说，母亲被厌恶的，她的孩子就要被父亲抛弃了。成年的男子年龄到了五十岁而爱好女色的本性还没有减弱，妇女年龄到了三十岁美丽的容貌就已经衰退了。衰退了美貌的女人去侍奉那爱好女色的男人，就会被疏远和看不起，而她的儿子也疑心自己不能再成为继承人，这就是王后妃子、夫人希望她们的君主死掉的原因。只有母亲成了太后而儿子做了君主，发布了命令就没有不执行的，下达了禁令就没有敢违反的，男女之间的欢乐也不比过去的君主在世时差，而独揽拥有万辆兵车的大国的政权更是毫无疑问的了，这就是用鸩酒毒杀、绞缢扼杀、刿割斩杀等害人的方法产生的原因啊。所以《桃左春秋》说：“君主生病而死的不能达到半数。”君主不懂得这个道理，那么奸臣作乱就有了更多的理由了。所以说：认为君主死了对自己有利的人众多，那么君主就危险了。所以王良爱马，越王勾践爱人民，是为了打仗和赶路。医生善于吮吸别人的伤口，口含别人的脓血，这并不是因为他和病人有骨肉之亲，而是因为利益被加在这些事上面，这样做可以获利。所以造车的人造成了车子，就希望别人富贵；木匠打好了棺材，就希望别人夭折早死。这并不是因为造车的人仁慈而木匠残忍，而是因为别人不富贵，那么车子就卖不掉；别人不死，那么棺材就没人买。

　　本意并不是憎恨别人，而是因为他的利益在别人的死亡上。所以后妃、夫人、太子的私党结成以后就希望君主快死去，因为君主如果不死，那么他们的权势就不大。他们的本意并不是憎恨君主，而是因为他们的利益在君主的死亡上。所以君主不能不对那些因为自己的死亡而有利可图的人多加留心。所以常言道：“太阳月亮有白色的光圈围绕在外面，它们的毛病却出在内部；防备自己所憎恨的人，祸根却在所亲爱的人身上。"所以英明的帝王不做没有检验过的事情，不吃不寻常的食物；既打听远方的情况又观察身边的事情来审察朝廷内外的失误，省察附和的与分歧的言论来了解党派的区分，用将多方面的情况进行比较后所得到的检验结果来督责臣子陈述意见的诚实与否；拿事后的结果来对照事前的言行，按照法令来治理民众，根据各方面的情况来检验观照；对于官吏，没有侥幸的奖赏，对应该奖赏的，也不超越法制胡乱行赏；杀头的一定和他的罪行相当，有罪的一律不给赦免。这样的话，那么奸诈邪恶的人就没有地方能施展他们的阴谋了。

徭役多，则民苦；民苦，则权势起；权势起，则复除重[1]；复除重，则贵人富。苦民以富贵人，起势以藉人臣，非天下长利也。故曰：徭役少，则民安；民安，则下无重权；下无重权，则权势灭；权势灭，则德在上矣。今夫水之胜火亦明矣，然而釜鬵间之[2]，水煎沸竭尽其上，而火得炽盛焚其下，水失其所以胜者矣。今夫治之禁奸又明于此，然守法之臣为釜鬵之行，则法独明于胸中，而已失其所以禁奸者矣。上古之传言，《春秋》所记，犯法为逆以成大奸者，未尝不从尊贵之臣也。然而法令之所以备，刑罚之所以诛，常于卑贱，是以其民绝望，无所告诉。大臣比周，蔽上为一，阴相善而阳相恶，以示无私；相为耳目，以候主隙；人主掩蔽，无道得闻；

有主名而无实，臣专法而行之——周天子是也[3]。偏借其权势，则上下易位矣。此言人臣之不可借权势也。

【注释】

1 复：免除赋税徭役。

2 鬵（qín）：大釜，大锅。

3 周天子：指东周王朝的天子。战国时自周显王起，周天子一直寄居在西周公和东周公的封邑内，已经名存实亡。

【译文】

徭役多了，民众就劳苦；民众劳苦，管理徭役的官吏的权势就大起来了，因为他们能免除民众的徭役和赋税而权势更重了；权势更重，那么这些地位高贵的当权者就富裕了。辛苦民众来使地位高贵的当权者发财，造就了权势来使臣下有机可乘，这不符合国家的长远利益。所以说：徭役少，民众就平安无事了；民众平安无事，臣下就没有重大的权力了；臣下没有重大的权力，他们的权势就削弱了；臣下的权势削弱了，恩德就全归于君主了。现在那水能够胜过火的道理也已经很清楚了，然而用锅子把水、火隔开，水就在锅子的上面被煮沸烧干，而火却能在锅子的下面猛烈地燃烧，这是因为水失去了它用来胜过火的条件。现在那法治能够禁止奸邪的道理比这水能胜过火的道理更清楚，然而执法的臣子在干锅子的行当，把推行法治的君主与为非作歹的奸臣隔开，那么法治单单在君主的心里，却已经失去了它用来禁止奸邪的作用了。从远古的传说、《春秋》等史书上的记载来看。违犯法令造反作乱而成为巨奸的，都出自尊贵的大臣。然而法令所防备的，刑罚所处罚的，通常都针对地位低下的人，因此民众感到绝望，没有地方去申诉冤屈。大臣们互相勾结，蒙蔽君主而抱成一团；暗地里非常友好而在表面上又假装互相憎恨，用来表示他们没有私下的交情；他们为自己的同党做耳目，来窥测君主的疏漏；而君主被蒙蔽了，没有什么门路能够了解他们的阴谋；这样虽然有君主的名义却没有君主的实际权力，大臣垄断了国家的法令而独断专行——周天子就是这样。君主身旁的辅佐大臣借用了君主的权势，那么君臣上下就改变了地位。这说明君主不可以让臣下借用权势啊。

【评点】

本篇主要是论述君防备宫内贵臣、后妃、太子等劫弑篡位的措施，反映了韩非"人性自利"，"利"支配一切的社会观。这种观念显然犯了以偏概全的错误，在实践上必然导致政治独裁和恐怖。

韩非这种"不能相信所有人"的观点有点偏激，任何事情的成功都是人与人之间相互协作来完成的，一个人的力量是微不足道的。因此，对人，并不是相信不相信的问题，而是认清不认清的问题。假如能真正认清一个人，就可以完全相信他；如果对一个人了解不够，当然也就不能相信了。

南面第十八

人主之过，在已任在臣矣，又必反与其所不任者备之，此其说必与其所任者为仇，而主反制于其所不任者。今所与备人者，且曩之所备也[1]。人主不能明法而以制大臣之威，无道得小人之信矣[2]。人主释法而以臣备臣，则相爱者比周而相誉，相憎者朋党而相非。非誉交争，则主惑乱矣。人臣者，非名誉请谒无以进取，非背法专制无以为威，非假于忠信无以不禁，三者，悯主坏法之资也[3]。人主使人臣虽有智能，不得背法而专制；虽有贤行，不得逾功而先劳；虽有忠信，不得释法而不禁[4]，此之谓明法。

【注释】

1 曩（nǎng）：从前，过去。

2 道：由，从。

3 悯：昏乱糊涂。

4 不得释法而不禁：仍然要受法令的限制。

【译文】

君主的错误，在于已经任用了官吏，又一定要反过来和那些没有被任用的人去防备他们，这些没有被任用者的意见一定会和那些已被任用者的相左，君主反而被那些没有被任用的人控制了。更何况现在和君主一起防备别人的人，还是过去被君主防备的人。君主如果不能彰明法度来制约大臣的威势，那就无从取得小民的信仰了。君主放弃了法制而用臣子去防备臣子，那么互相亲爱的臣子就会紧密勾结而互相吹捧，互相仇恨的臣子就会各自结成私党而互相诽谤。诽谤和吹捧交相争斗，那么君主就迷惑昏乱了。做臣子的，不被吹捧以及托人说情就没有办法晋升，不违反法制专权独断就没有办法造成自己的威势，不假借忠诚老实的名声就没有办法不受禁令的约束，这三种手段，是搞昏君主、破坏法制的依托。君主应该使臣下即使有了智慧和才能，也不得违反法制而专权独断；即使有了贤能的行为，也不得在取得功效之前先得到赏赐；即使有了忠诚老实的品德，也不得摆脱法纪而不受约束，这就叫做彰明法度。

人主有诱于事者，有壅于言者，二者不可不察也。人臣易言事者，少索资，以事诬主。主诱而不察，因而多之，则是臣反以事制主也。如是者谓之"诱"[1]，诱于事者困于患。其进言少，其退费多，虽有功，其进言不信。不信者有罪，事有功者必赏[2]，则群臣莫敢饰言以惘主。主道者，使人臣前言不复于后[3]，后言不复于前，事虽有功，必伏其罪，谓之任下。

【注释】

1 诱：根据上下文，"诱"下当有"于事"二字。

2 事有功者必赏：当作"事虽有功不赏"。

3 复：合。

【译文】

君主有被事情诱惑的，有被言论蒙蔽的，这两种情况不可不加审察啊。臣子中把做事说得很容易的人，他们索取的费用很少，用自己善于办事来欺骗君主。君主受到他们的诱惑后不加审察，便夸奖他们，这样的话臣下就会反过来用办事来控制君主了。像这样的情况就叫做"被事情诱惑"，被事情诱惑的君主就会被祸患搞得焦头烂额。他们进见君主时所要求费用很少，但他们回去办事时花费却很多，即使他们办事有了成效，他们进见君主时讲的话也是不诚实的。不诚实的人有罪，所以他们即使办事有了成效也不能给奖赏，这样的话，群臣就没有谁再敢吹牛夸口来迷惑君主了。君主的统治手段应该是：假如臣下先前说的话和后来办的事不合，或者后来说的话和先前办的事不合，事情即使办成了，也一定要使他们受到应得的惩罚，这就是任用臣下的方法。

人臣为主设事而恐其非也[1]，则先出说，设言曰[2]："议是事者，妒事者也。"人主藏是言，不更听群臣；群臣畏是言，不敢议事。二势者用，则忠臣不听而誉臣独任。如是者谓之"壅于言"，壅于言者制于臣矣。主道者，使人臣必有言之责，又有不言之责。言无端末、辩无所验者，此言之责也；以不言避责、持重位者，此不言之责也。人主使人臣，言者必知其端以责其实，不言者必问其取舍以为之责，则人臣莫敢妄言矣，又不敢默然矣，言、默则皆有责也。

【注释】

1 设：设计。

2 设：陈。

【译文】

臣下为君主筹划了事情而又怕被别人非议，就预先出外游说，使人扬言说："议论这件事情的人，就是嫉妒这件事情的人。"君主心里记住了这种话，就不再听信群臣了；群臣害怕这种话，就不敢议论这件事情了。君主不听群臣、群臣不敢议论这两种情形起了作用，那么君主就不听信忠臣的话而专门任用那些徒有虚名的臣子了。像这样的情况就叫作"被言论蒙蔽"，被言论蒙蔽的君主就会被臣下控制。君主的统治手段应该是：使臣下一定负有说话不当的罪责，又负有该说不说的罪责。说话无头无尾、辩词无从验证的，就要承担说话不当的罪责；用不说话来逃避责任以保住重要官位的，承担该说不说的罪责。君主任用臣下，对说话的臣子，一定要了解他说话的头绪，并用它来责求他的办事实效；对不说话的臣子，一定要问清他对某事是赞成还是反对，并把它作为他的责任。像这样的话臣下就没有谁再敢乱说了，又不敢沉默了，说话和沉默就都有责任了。

人主欲为事，不通其端末，而以明其欲[1]，有为之者，其为不得利，必以害反。知此者，任理去欲[2]。举事有道，计其入多、其出少者，可为也。惑主不然，计其入，不计其出，出虽倍其入，不知其害，则是名得而实亡。如是者，功小而害大矣。凡功者，其入多，其出少，乃可谓功。今大费无罪而少得为功，则人臣出大费而成小功，小功成而主亦有害。

【注释】

1 以：通"已"。

2 理：指法纪。

【译文】

君主想做某事，如果还没有搞清楚那事情的头绪以及后果就已经把自己的想法透露了出去，有这种行为的君主，他做的事情不但不能得利，而且一定会以受害作为对他的报应。懂得了这种道理的君主，就会凭借法度而去掉自己的主观欲望。做事情有一定的原则，计算清楚那收入多而支出少的事情，是可以做的。糊涂的君主却不是这样，他们只盘算那收入，而不考虑那支出，支出即使是收入的两倍，他们也不知道害处，这样名义上虽然是得到了，而实际上却是失去了。那么成果微小而损失就十分重大了。大凡成果这东西，在收入多而支出少的情况下才可以称为成果。现在耗费大了并没有罪过而稍有所得就被认为有功，那么臣下就会支出大量的费用去成就微小的成果，这微小的成果即使成就了，对于君主也还是有损失的。

不知治者，必曰："无变古，毋易常[1]。"变与不变，圣人不听，正治而已。然则古之无变，常之毋易，在常、古之可与不可。伊尹毋变殷[2]，太公毋变周[3]，则汤、武不王矣[4]。管仲毋易齐[5]，郭偃毋更晋[6]，则桓、文不霸矣[7]。凡人难变古者，惮易民之安也[8]。夫不变古者，袭乱之迹；适民心者，恣奸之行也。民愚而不知乱，上懦而不能更，是治之失也。人主者，明能知治，严必行之，故虽拂于民心，立其治。说在商君之内外而铁殳、重盾而豫戒也[9]。故郭偃之始治也，文公有官卒；管仲始治也，桓公有武车。戒民之备也。是以愚赣窳堕之民[10]，苦小费而忘大利也，故夤虎受阿谤；而辗小变而失长便[11]，故邹贾非载旅[12]。狎习于乱而容于治[13]，故郑人不能归[14]。

【注释】

1 易：这里用为改变、变动之意。

2 伊尹：殷商汤的大臣。

3 太公：人名。即吕尚，姜姓，吕氏，名尚，号子牙，号太公望，俗称姜太公。

4 汤：商汤。武：武王，周文王之子，周国的开国君主。

5 管仲：春秋时齐国齐桓公时的公相。

6 郭偃：人名。又言为高偃、卜偃者。春秋时期晋国掌管占卜的大夫。

7桓：即齐桓公。

8惮：这里用为畏难，怕麻烦之意。

9商君：即商鞅。

10赣：同"戆"，鲁莽。窳：这里用为败坏，腐败之意。堕：古通"惰"。这里用为懈怠、懒惰之意。

11辗：害怕之意。

12旅：军队。

13狎：这里用为亲近、接近而不庄重之意。容：这里延伸为缓慢之意。

14归：这里用为合并、向往、归附、归依、希望之意。

【译文】

不懂得治理国家的人，必然会说："不要改变古代留下来的，不要改变常规惯例。"改变还是不改变，圣人是不听别人怎么说的，只是正确地治理而已。所以古代留下来的不改变，常规惯例也不改变，在于这些东西可行还是不可行。伊尹如果不改变殷商朝的古制惯例，姜太公如果不改变周朝的古制惯例，那么商汤王、周武王就不能称王了。管仲不改变齐国的古制惯例，郭偃不改变晋国的古制惯例，那么齐桓公、晋文公也就不能称霸了。大凡人不能改变古制惯例的，是害怕改变民众对旧传统的喜爱。但不改变古制惯例，是在重蹈乱国的覆辙；迎合民众的愿望，就是放纵邪恶的行为。民众愚蠢而不知道祸乱，上级懦弱而不知道更改。就是治理国家的失误。所谓国家的君主，明智而能知道治理的措施，严格执行法治。虽然违背民心，还是要树立治国的原则。商鞅在施行新法时是用铁殳和盾牌来做防备才能实行的；郭偃开始治理晋国的时候，晋文公备用了国家军队做护卫；管仲开始治理齐国的时候，齐桓公准备了武装的兵车，这些都是防备民众的措施。因为愚蠢迂腐懒惰的人，总是为微小的代价发愁而忘记了将要取得的巨大利益，所以鲧虎受到斥责诽谤；他们恐惧害怕小的变更而丢失了长久的便利，所以邹贾非难征兵的制度；还有的人习惯了混乱，以不庄重的态度来怠慢治理，所以郑国人不能归顺的多。

【评点】

古代以坐北朝南为尊位，君王上朝听政时坐北朝南，所以"南面"用来泛指君主的统治。本篇集中论述了君主统治臣民时应该注意的几个问题。首先，君主必须彰明法度。君主如果不能彰明法度来遏制大臣的威势，就会导致臣下有可能互相勾结来挟制君主败坏法度。其次，君主必须防止臣下用办事或言论来诱惑蒙蔽自己。对于臣下的办事，君主必须验证其功效是否与他的话相符合，不符合的就要治罪，这是韩非经常强调的刑名术。对于臣下的言论，君主也要追究其责任，从而促使臣下来为自己效劳。第三，君主应该注意办事的功利性，必须是收入超过支出有利可图的事才可以做，否则就会损害到君主的利益。第四，君主必须"知治"，一切要以能否把国家治理好为目的，而不能听信那些腐朽保守的论调。这种以功利为目的的变法思想，是韩非政治思想当中的重要内容之一。

饰邪第十九

　　凿龟数筴[1]，兆曰“大吉”，而以攻燕者，赵也。凿龟数筴，兆曰“大吉”，而以攻赵者，燕也。剧辛之事燕[2]，无功而社稷危；邹衍之事燕[3]，无功而国道绝。赵代先得意于燕[4]，后得意于齐，国乱节高，自以为与秦提衡，非赵龟神而燕龟欺也。赵又尝凿龟数筴而北伐燕，将劫燕以逆秦，兆曰“大吉”。始攻大梁而秦出上党矣[5]；兵至釐而六城拔矣[6]：至阳城[7]，秦拔邺矣[8]；庞援揄兵而南[9]，则鄣尽矣[10]。臣故曰：赵龟虽无远见于燕，且宜近见于秦。秦以其“大吉”，辟地有实，救燕有有名。赵以其“大吉”，地削兵辱，主不得意而死。又非秦龟神而赵龟欺也。初时者，魏数年东乡攻尽陶、卫[11]，数年西乡以失其国，此非丰隆、五行、太一、王相、摄提、六神、五括、天河、殷抢、岁星非数年在西也[12]。又非天缺、弧逆、刑星、荧惑、奎、台非数年在东也[13]。故曰：龟筴鬼神不足举胜，左右背乡不足以专战。然而恃之，愚莫大焉。

【注释】

1 龟：钻凿龟甲来预卜吉凶，是古时占卜的一种方法。筴：同"策"，这里是指卜筮用的蓍草。

2 剧辛：人名，原为赵国人，后为战国时期燕国的军事将领。

3 邹衍：人名，齐国人，后到燕国为燕昭王师。

4 代：地名，赵国的一个城邑。位于今山西东北部和河北蔚县一带。

5 大梁：地名，在今河北顺平。上党：地名，韩国的一个城邑。

6 釐：同"狸"，燕国的地名。

7 阳城：地名，在今河南登封北部。

8 邺：古地名。

9 庞援：人名。

10 鄑：古邑名。本为纪国边邑。

11 乡：用作动词，通"向"。陶：地名，即定陶。

12 丰隆：传说中的云师。这里是指云雷之神。太一：神名，也作泰一。王相：星名，即王良星。摄提：星名。属亢宿，共六星。位于大角星两侧，左三星曰左摄提，右三星曰右摄提。六神：星名，红色。殷抢：谓天枪星赤色而黯然。岁星：即木星。

13 天缺：星名，应为"天阙"。弧：星名。共有九星，位于天狼星东南，因形似弓箭，故名。刑星：星名。太白，即金星。荧：火星别名。奎：星宿名。奎宿，二十八宿之一。台：疑为三台星。三台，星名。古代用三台来比喻三公。

【译文】

钻凿龟甲、计算蓍草来预占吉凶，得到的兆象是"大吉"，从而根据这吉利的预兆去攻打燕国的，是赵国。钻凿龟甲、计算蓍草来预占吉凶，得到的兆象是"大吉"，从而根据这吉利的预兆去攻打赵国的，是燕国。剧辛侍奉燕国，不但没有功劳，反而使国家危险了；邹衍侍奉燕国，不但没有功劳，反而使治国之道荡然无存。赵国首先在和燕国的战争中如愿以偿而感到满意，后来又在和齐国的战争中如愿以偿而心满意足，尽管它国内混乱得很，却趾高气扬了，自以为和秦国势均力敌了，这并不是因为赵国的龟甲灵验而燕国的龟甲骗人。赵国又经钻凿龟甲、计算蓍草预占吉凶而向北去攻打燕国，想要威逼燕国去抗拒秦国，那得到的兆象也是"大吉"。但是刚刚开始攻打大梁，秦国就从上党出兵来攻打赵国了；赵军攻打到釐城，自己的六个城就已经被秦军攻破了；赵军攻打到阳城，秦军已经攻克了邺城；等到庞援引兵向南救援时，郏地早就被秦军全部占领了。所以我要说：赵国的龟甲就算对远征燕国是否能成功缺乏预见，也应该对邻近秦国的侵略有所预见。秦国靠了那龟甲所预示的"大吉"，既有了开辟疆土的实绩，又有了援救燕国的名声。赵国靠了那龟甲所预示的"大吉"，却是领土被割削，军队受屈辱，君主悼襄王也因为在战争中不能如愿而死了。这也不是秦国的龟甲灵验而赵国的龟甲骗人啊。开始的时候，魏国几年之间向东进军而全部攻取了陶邑、卫国，但几年向西进军攻打秦国却丧失了它的国土，这并不是因为丰隆、五行、太一、王相、摄提、六神、五括、天河、暗红色的天枪、岁星等吉星这几年在西方保佑秦国，也不是因为天缺、弧逆、太白、荧惑、奎、台等凶星这几年在东方惩罚魏国。所以说：龟甲蓍草鬼怪神灵不能够用来推断战争的胜利，而星体在天空中所处的位置或左或右、其运行的方向或背着某国或向着某国也不能够用来决断战争的结局。既然这样，人们却还要依赖它们，真是愚蠢到了极点。

古者先王尽力于亲民，加事于明法。彼法明，则忠臣劝；罚必，则邪臣止。忠劝邪止而地广主尊者，秦是也；群臣朋党比周以隐正道行私曲而地削主卑者，山东是也[1]。乱弱者亡，人之性也；治强者王，古之道也。

越王勾践恃大朋之龟与吴战而不胜[2]，身臣入宦于吴；反国弃龟[3]，明法亲民以报吴，则夫差为擒[4]。故恃鬼神者慢于法，恃诸侯者危其国。曹恃齐而不听宋，齐攻荆而宋灭曹[5]。荆恃吴而不听齐，越伐吴而齐灭荆[6]。许恃荆而不听魏，荆攻宋而魏灭许[7]。郑恃魏而不听韩，魏攻荆而韩灭郑[8]。今者韩国小而恃大国，主慢而听秦。魏恃齐、荆为用，而小国愈亡；故恃人不足以广壤，而韩不见也。荆为攻魏而加兵许、鄢[9]，齐攻任、扈而削魏[10]；不足以存郑[11]，而韩弗知也。此皆不明其法禁以治其国，恃外以灭其社稷者也。

【注释】

1 山东：战国时华山以东为"山东"，此指齐、楚、燕、韩、赵、魏六国。

2 勾践：春秋末年越国的君主。朋：古代货币单位。

3 反：通"返"。

4 夫差：吴王阖闾之子。

5 宋灭曹：在公元前 487 年。

6 荆：当为"阳"，在今山东沂水西南。阳伯为召康公的后代，后为齐所灭。

7 许：周分封的诸侯国。

8 韩灭郑：在公元前 375 年。

9 鄢：魏国地名，位于今河南鄢陵西北。

10 任：魏国地名，位于今山东济宁北。扈：魏国地名，位于今河南原阳西。

11 郑：公元前 375 年韩灭郑后，将国都迁于此。此即指韩国国都，位于今河南新郑。

【译文】

古代圣明的帝王致力于亲爱民众，从事于彰明法度。他们的法度彰明了，忠臣就受到了鼓励；刑罚一定执行，奸臣就被除掉了。忠臣被鼓励，奸臣被禁止，因而领土扩大、君主尊贵，秦国就是这样；群臣拉党结派紧密勾结来埋没正确的治国法术，大搞谋取私利的歪门邪道，因而国土沦丧、君主卑微，崤山以东的齐、楚、燕、赵、韩、魏六国就是这样。混乱弱小的国家就会衰亡，这是人类社会的固有特点；安定强大的国家就能称王天下，这是自古以来的道理。越主勾践依仗着价值二十大贝的最珍贵的元龟所占得的吉兆去和吴国作战，结果失败了，自己和臣子都到吴国去做奴仆；回国后抛弃了龟甲，彰明法度、亲爱民众以求报复吴国，那么吴王夫差就被他擒获了。所以依仗鬼神保佑的就会忽视法治，依仗别国诸侯援助的就会危害自己的国家。曹国依仗齐国的援助而不听从宋国，结果齐国攻打楚国而宋国灭掉了曹国。阳国依仗吴国的援助而不听从齐国，结果越国讨伐吴国而齐国灭掉了阳国。许国依仗楚国的援助而不听从魏国，结果楚国攻打宋国而魏国灭掉了许国。郑国依仗魏国的援助而不听从韩国，魏国攻打楚国而韩国灭掉了郑国。现在，韩国弱小却依仗大国的援助，君主懈怠于治理内政而只是听从秦国。试看魏国将依赖齐国、楚国的援助作为自己的治国方略，结果使弱小的魏国越来越衰微；所以，依赖别人是不能够用来扩大领土的，但韩国却没有看见这一点。楚国为了攻打魏国而出兵攻取许、鄢，齐国攻打任、扈而侵占了魏国的领土；同样，韩国听从秦国也是不能够用来保存韩国的首都新郑的，但韩国却还不了解这一点。上述这些都是不彰明自己的法律禁令来治理自己的国家，只是依赖外援从而使自己的国家政权灭亡的例子啊。

臣故曰：明于治之数，则国虽小，富；赏罚敬信，民虽寡，强。赏罚无度，国虽大，兵弱者，地非其地，民非其民也。无地无民，尧、舜不能以王，三代不能以强。人主又以过予，人臣又以徒取。舍法律而言先王明君之功者，上任之以国。臣故曰：是愿古之功，以古之赏赏今之人也；主以是过予，而臣以此徒取矣。主过予，则臣偷幸；臣徒取，则功不尊[1]。无功者受赏，则财匮而民望；财匮而民望，则民不尽力矣。故用赏过者失民，用刑过者民不畏。有赏不足以劝，有刑不足以禁，则国虽大，必危。

【注释】

1 尊：用作被动词，被看重。

【译文】

所以我要说：明白了治国之道，那么国家即使很小，也会富裕；奖赏和惩罚谨慎守信，那么人口即使很少，也会强大。奖赏和惩罚没有法度，国家即使很大，兵力也会很弱，因为那土地已经不是自己所能利用的土地，民众已经不是自己所能役使的民众。没有土地和民众，即使是尧、舜这样的贤明君主也不能称王天下，即使是夏禹、商汤、周武王所建立的这三个强大的王朝也不能强盛。但是现在的君主却还把土地和民众错误地赏给臣下，而臣下又把土地和民众白白地占为己有。那些置法律于不顾而只是宣扬古代圣明帝王、英明君主的功绩的人，君主却把整个国家都托付给他们。所以我说：这是指望取得古代圣明帝王、英明君主那样的功绩，却拿古代圣明帝王、英明君主给有功者的奖赏来奖赏现在这些空谈的人；君主把土地和民众错误地赏给臣下，而臣下把土地和民众白白地占为己有了。君主错误地给予奖赏，那么臣下就怀有侥幸得赏的心理；臣下能白白地取得赏赐，那么功劳就不会被看重。没有功劳的人受到奖赏，那么国家的财产就会匮乏，而民众就会指望得到额外的赏赐；国家的财产匮乏而民众指望得到额外的赏赐，那么民众就不会为君主尽心竭力了。所以施行奖赏不合法度就会失去民众，而执行刑罚不合法度民众就不会害怕。有了奖赏却不能用它来鼓励民众为国家出力，有了刑罚却不能用它来禁止民众为非作歹，那么国家即使很大，也一定很危险。

故曰：小知不可使谋事[1]，小忠不可使主法。荆恭王与晋厉公战于鄢陵，荆师败，恭王伤。酣战，而司马子反渴而求饮，其友竖谷阳奉卮酒而进之。子反曰："去之！此酒也。"竖谷阳曰："非也。"子反受而饮之。子反为人嗜酒，甘之，不能绝之于口，醉而卧。恭王欲复战而谋事，使人召子反，子反辞以心疾。恭王驾而往视之，入幄中，闻酒臭而还，曰："今日之战，寡人目亲伤。所恃者司马，司马又如此，是亡荆国之社稷而不恤吾众也。寡人无与复战矣。"罢师而去之，斩子反以为大戮。故曰：竖谷阳之进酒也，非以端恶子反也[2]，实心以忠爱之，而适足以杀之而已矣。此行小忠而贼大忠者也。故曰：小忠，大忠之贼也。若使小忠主法，则必将赦罪以相爱，是与下安矣，然而妨害于治民者也。

【注释】

1 知：通“智”。

2 端：故意。

【译文】

所以说：玩弄小聪明的人不可以让他谋划事情，只对私人效忠的人不可以使他掌管法制。楚恭王和晋厉公在鄢陵打仗，楚国的军队战败了，楚恭王也受了伤。当战斗最激烈的时候，楚国的司马子反口渴了要水喝，他的亲信童仆谷阳捧了杯酒递给子反。子反说："把它拿走！这是酒啊。"童仆谷阳说："这不是酒。"子反就接过来把它喝了。子反这个人生性喜爱喝酒，觉得这酒很甜美，所以不能停嘴，结果喝醉而睡着了。楚恭王想再打一仗而要谋划战事，派人去叫子反，子反用患有心病的理由加以推辞。楚恭王乘了车去看他，走进帐幕中，闻到酒的气味就回去了，说："今天的战斗，我的眼睛也受伤了。所要依靠的就是司马，但司马又像这个样子，这是忘记了楚国的国家大业而不爱惜我的部下啊。我不要再和晋国打仗了。"便退兵而离开了鄢陵，杀了子反并陈尸示众。所以说：童仆谷阳的献酒，并不是因为憎恨子反，从他内心来说，是因为忠诚并热爱子反，但恰恰是这个原因把子反给害死罢了。这是奉行对私人的小忠而戕害了大忠的例子。所以说，奉行对私人的小忠，是对大忠的一种戕害，如果让奉行小忠的人掌管法制，那么他必将赦免罪犯来表示仁爱，这样一来他和下面的人倒是平安相处了，但却妨害了治理民众。

当魏之方明《立辟》、从宪令行之时[1]，有功者必赏，有罪者必诛，强匡天下，威行四邻；及法慢，妄予，而国日削矣。当赵之方明《国律》、从大军之时[2]，人众兵强，辟地齐、燕；及《国律》慢，用者弱，而国日削矣。当燕之方明《奉法》、审官断之时[3]，东县齐国，南尽中山之地；及《奉法》已亡，官断不用，左右交争，论从其下，则兵弱而地削，国制于邻敌矣。故曰：明法者强，慢法者弱。强弱如是其明矣，而世主弗为，国亡宜矣。语曰："家有常业，虽饥不饿；国有常法，虽危不亡。"夫舍常法而从私意，则臣下饰于智能[4]；臣下饰于智能，则法禁不立矣。是妄意之道行，治国之道废也。治国之道，去害法者，则不惑于智能，不矫于名誉矣。昔者舜使吏决鸿水[5]，先令有功而舜杀之；禹朝诸侯之君会稽之上[6]，防风之君后至而禹斩之[7]。以此观之，先令者杀，后令者斩，则古者先贵如令矣。故镜执清而无事[8]，美恶从而比焉[9]；衡执正而无事，轻重从而载焉。夫摇镜则不得为明，摇衡则不得为正，法之谓也。故先王以道为常，以法为本。本治者名尊，本乱者名绝。凡智能明通，有以则行，无以则止。故智能单道，不可传于人。而道法万全，智能多失。夫悬衡而知平，设规而知圆，万全之道也。明主使民饰于道之故[10]，故佚而有功[11]。释规而任巧，释法而任智，惑乱之道也。乱主使民饰于智，不知道之故，故劳而无功。释法禁而听请谒，群臣卖官于上，取赏于下[12]，是以利在私家而威在群臣。故民无尽力事主之心，而务为交于上。民好上交，则货财上流而巧说者用。若是，则有功者愈少。奸臣愈进而材臣退[13]，则主惑而不知所行，民聚而不知所道[14]。此废法禁、后功劳、举名誉、听请谒之失也。凡败法之人，必设诈托物以来亲[15]，又好言天下之所希有，此暴君乱主之所以惑也，人臣贤佐之所以侵也。故人臣称伊尹、管仲之功，则背法饰智有资；称比干、子胥之忠而见杀，则疾强谏有辞。夫上称贤明，下称暴乱，不可以取类，若是者禁。君之立法，以为是也。今人臣多立其私智、以法为非者，是邪以智，过法立智。如是者禁，主之道也。

【注释】

1《立辟》：魏国的刑书。

2《国律》：赵国的刑书。

3《奉法》：燕国的刑书。

4饰：通"饬"，整治。

5鸿：通"洪"。

6 朝：使动用法，使……朝见。会稽：山名，在今浙江绍兴南。

7 防风：夏朝的诸侯国，位于今山东高青。

8 无事：无为。

9 比：比拟。

10 明主使民饰于道之故：据下文，此当作"明主使民饰于法，知道之故"。

11 佚：通"逸"。

12 赏：通"偿"。

13 材：通"才"。

14 道：由，从。

15 来：通"徕"。

【译文】

当魏国彰明《立辟》、忙于法令推行的时候，有功劳的一定会给予奖赏，有罪行的一定会给予惩处，强大得可以匡正天下，威武得可以在四方邻国横冲直撞；等到法治懈怠，就胡乱地给予奖赏，国土便一天天被割削了。当赵国彰明《国律》、忙于扩大军队的时候，人口众多，兵力强大，到齐国、燕国开辟领土；等到《国律》的实行懈怠，执政者软弱无能之时，国土便一天天被割削了。当燕国彰明《奉法》、重视官方决策的时候，向东把齐国的土地作为自己的郡县，向南和赵国、齐国一起全部攻取了中山国的领土；等到《奉法》的推行衰微，官方的决策不被采用，君主身边的亲信互相争权夺利，赏罚的决断听从臣下，就兵力衰弱而领土被人割削，国家被邻近的敌国控制了。所以说：彰明法制的国家就强盛，怠慢法制的国家就衰弱。使国家强盛、衰弱的办法，已经很明白了，而当代的君主却还不搞法治，那么他的国家衰弱灭亡也是应该的了。俗话说："家庭有了固定的产业，即使碰上荒年也不会挨饿；国家有了固定的法制，即使遇到危难也不会衰亡。"舍弃了固定的法制而依个人的意念来治国，臣下就会在智巧和才能方面修养提高自己；臣下努力造就自己的智巧和才能，法律禁令就不能存在下去了。这样一来随心所欲的做法就通行起来，治国的正确方法就被废弃了。治国的正确方法是要除掉那些妨害法治的做法，这样就不会再被智巧和才能所迷惑，不会再被虚假的名誉所欺骗了。从前舜派遣官吏去排除洪水，在命令下达之前立功的，舜就把他们杀了；禹让各诸侯国的君主到会稽山上朝见他，防风部落的君主迟到了，禹就把他杀了。从这些事迹来看，在命令下达之前而擅自行动的，要杀掉；行动落后于命令的，也要杀掉；古代的人已经率先重视按照法令来办事了。所以镜子保持明亮而不受干扰，美和丑自会在镜子中真实地映照出来；秤杆保持平正而不受干扰，轻和重自会在秤杆上衡量出来。摇动镜子就不能使它保持明亮，摇动秤杆就不能使它保持平正，这说的就是法治的情况啊。所以古代的圣明帝王把天地万物的客观规律作为办事的常规，把法治作为治国的根本。这法制搞得好的，君主的名位就尊贵；法制混乱的，君主的名位就丧失。凡是有智慧有才能而圣明通达的人，也只有掌握了这规律和法制并用它们来办事治国，才能行得通，否则就行不通。所以智慧才能是偏于一隅的小道，不可以传给人。利用规律和法制来办事就万无一失，依靠智慧和才能来办事失误就多。挂起了秤杆来搞平衡，设置了圆规来画圆，这是万无一失的办法。英明的君主使民众按照法制来规范自己，这是懂得了治国规律的缘故，所以虽然安逸闲暇，也有功绩。丢掉了圆规而单凭技巧，抛弃了法制而单用智慧，这是糊涂昏乱的办法。昏乱的君主使民众在智巧方面修养提高自己，这是不懂得治国规律的缘故，所以虽然辛苦劳累，却没有成绩。抛弃了法律禁令而听从私人的请求说情来任用人，那么群臣就在上面出卖官爵，而从下面取得报酬，因此财利就归于豪门贵族而威势就转移到群臣身上了。所以民众没有尽心竭力地侍奉君主的心意，而致力于和上面的大臣结交。民众倾心于向上巴结大臣，那么货物钱财就向上流到大臣手中，而善于花言巧语的人就被录用了。像这样，有功之臣就越来越少了。奸臣越来越多地得到进用，而有才干的臣子被斥退，君主就会被奸臣迷惑而不知道怎么干，民众就会被奸臣笼络在一起而不知道遵循什么。这就是废弃法律禁令、把功劳放在次要的地位、根据虚假的名声和赞誉来提拔人、听从私人的请求说情来任用人所造成的过失啊。凡是破坏法制的人，一定会设置骗局假托某事来招致君主的亲近，又喜欢谈说天下罕见的东西，这就是残暴昏乱的君主被迷惑的原因，也是贤能的辅佐大臣被侵害的缘故。所以臣下称颂伊尹、管仲的成功，于是他们违背法制而致力于智巧就有了根据；称颂比干、伍子胥的因忠诚而被杀，那么他们激烈而强硬地向君主进谏就有了借口。奸臣们上称商汤任用伊尹、桓公任用管仲的贤能和明智，下说纣杀比干、夫差杀子胥的残暴和昏乱，这根本不可以拿来作类比，像这样的行为要禁止。君主设立法治，是由于认为它正确。现在臣子中有很多标榜他们个人的智巧而认为法治是错误的人，他们用智巧来肯定邪恶的行为，非议法治来使他们的智巧站住脚。像这样的行为要禁止，这是做君主的原则。

明主之道，必明于公私之分，明法制，去私恩。夫令必行，禁必止，人主之公义也；必行其私，信于朋友，不可为赏劝，不可为罚沮，人臣之私义也。私义行则乱，公义行则治，故公私有分。人臣有私心，有公义。修身洁白而行公行正，居官无私，人臣之公义也；污行从欲[1]，安身利家，人臣之私心也。明主在上，则人臣去私心行公义；乱主在上，则人臣去公义行私心。故君臣异心，君以计畜臣，臣以计事君。君臣之交，计也。害身而利国，臣弗为也；富国而利臣，君不行也。臣之情，害身无利；君之情，害国无亲。君臣也者，以计合者也。至夫临难必死，尽智竭力，为法为之。故先王明赏以劝之，严刑以威之。赏刑明，则民尽死；民尽死，则兵强主尊。刑赏不察，则民无功而求得，有罪而幸免，则兵弱主卑。故先王贤佐尽力竭智[2]。故曰：公私不可不明，法禁不可不审，先王知之矣。

【注释】

1 从：通"纵"。

2 此句承上文"故先王明赏以劝之，严刑以威之"而言，"智"下省"于明赏严刑"五字。

【译文】

英明君主的治国原则是：一定要明白公与私的分别，彰明国家的法制，摒除臣子私下的小恩小惠。命令一下达臣民就一定执行，禁约一颁布臣民就一定遵守，这是君主维护国家利益的原则；一定要按照自己的个人欲望来做事，对朋友守信用，不可能被奖赏所鼓励，不可能被刑罚所阻止，这是臣子维护个人私利的原则。维护个人私利的原则风行，国家就混乱；维护国家利益的原则风行，国家就安定；所以公和私是有分别的。臣子有为个人打算的私心，也有维护国家利益的公义。提高自身的修养、廉洁清白而尽力为国、办事正直，当官有了权而不牟取私利，这是臣子维护国家利益的公义；不端正自己的行为，放纵自己的欲望，只顾使自身安逸、使自己的家庭得利，这是臣子为个人打算的私心。英明的君主在上统治，那么臣子就丢掉私心而奉行公义；昏乱的君主在上统治，那么臣子就抛弃了公义而按照私心来办事。所以君主与臣子有着不同的心思，君主按照自己的打算来蓄养臣子，臣子按照自己的打算来侍奉君主。君臣之间的交往，是一种算计。损害自身来使国家得利，臣子是不干的；使国家富裕后让臣子得利，君主是不干的。臣子的内心，是认为损害了自身也就没有了利益；君主的内心，是认为损害了国家也就失去了与臣子的亲近。君主和臣子，是按照算计的原则结合起来的。至于那臣子遇到危难而坚决拼死，为君主绞尽脑汁、竭尽全力的，是因为法令的缘故才这样做的。所以古代的圣明帝王彰明奖赏的制度来鼓励臣民，严格刑罚的执行来威慑臣民。赏罚严明，那么臣民就会为君主拼命；臣民能为君主拼命，兵力就强大、君主就尊贵。刑罚和奖赏不分明，那么臣民没有功劳也会要求得到赏赐，而有了罪行却想侥幸得到赦免，这样的话，那么兵力就衰弱、君主就卑贱。古代圣明的帝王和贤能的辅佐大臣都竭尽自己的力量和智慧来严明赏罚。所以说：公私的分别不可不清楚，法律禁令不可不严明，古代的圣明帝王早已懂得这个道理了。

【评点】

　　饰，通"饬"，意为整治，饰邪就是整治邪恶邪妄。文章有破有立，在反对各种邪恶的同时，又反复阐明了韩非的法治思想。本篇所反对的邪恶有以下一些：首先是反对迷信，这是因为"恃鬼神者慢于法"的缘故。其次是反对依赖外国。韩非崇尚实力，反对"恃人"，而主张增强自己的实力。第三是反对赏罚无度。第四是反对个人之间的"小忠"。因为"小忠不可使主法"，"若使小忠主法"，就会"妨害于治民者"。第五是反对以智巧来治理国家。韩非从历史的教训中看到："明法者强，慢法者弱。"所以他竭力反对依靠"多失"的"智能"，而主张利用"万全"的"道法"。第六是反对臣下的"私义""私心"，而提倡"公义"。韩非毫无顾忌地揭去了传统思想给君臣关系所涂上的那一层礼义油彩，尖刻地指出："君臣异心，君以计蓄臣，臣以计事君。君臣之交，计也。"臣下决不肯干"害身而利国"的事，至于他们的"临难必死"，那只是"法"的作用。这无疑是当时唯利是图的世道人心在韩非思想中的反映。在此基础上，韩非主张君主应该"明于公私之分"，"明赏""严刑"，以使臣民"去私心行公义"，从而达到"兵强主尊"的目的。由此可见，韩非法治思想的主旨还是为了"主尊"。

解老第二十

德者[1]，内也；得者，外也。“上德不德”，言其神不淫于外也[2]。神不淫于外，则身全。身全之谓德。德者，得身也。凡德者，以无为集，以无欲成，以不思安，以不用固。为之欲之，则德无舍[3]；德无舍，则不全。用之思之，则不固；不固，则无功；无功，则生有德。德则无德，不德则有德。故曰：“上德不德，是以有德。”

【注释】

1 德：这里用为客观规律之意。

2 淫：泛滥、游移。

3 舍：这里用为房屋（居住之宅）之意。

【译文】

德，是人身内部的东西；得，是从外部获取的东西。《老子》"上德不德"这句话，是说道德高尚的人不把自己的心思花在追求自身之外的东西上面。不把自己的心思花在追求自身之外的东西上面，自身就能保全。自身能够保全，也就叫作"德"。"德"即得到自身。凡是德，因为无所作为才得以凝聚，因为没有欲望才得以成全，因为没有思虑才得以安定，因为不加使用才得以稳固。倘若有作为，有欲望，德就无所归宿；德无所归宿，那么自身就得不到保全了。倘若使用它，思虑它，德就难以稳固；难以稳固，就没有作用；没有作用是由于求取外界的东西。求取外界的东西，就没有德；不求取外界的东西，就保全了德。所以《老子》说："道德高尚的人不去人为地求得，因此有德。"

所以贵无为无思为虚者，谓其意无所制也。夫无术者，故以无为无思为虚也。夫故以无为无思为虚者，其意常不忘虚，是制于为虚也。虚者，谓其意无所制也。今制于为虚，是不虚也。虚者之无为也，不以无为为有常。不以无为为有常，则虚；虚，则德盛；德盛之为上德。故曰："上德无为而无不为也。"

【译文】

因此推崇那些无所作为、无所思虑而达到了虚无境界的人，是称道这些人的主观意识不再受到什么制约。世上那些没有掌握道术的人，故意用无所作为、无所思虑来表现虚无境界。故意用无所作为、无所思虑来表现虚无境界的人，他们的意念中常常没有忘记那虚无的目标，这就受到那虚无目标的牵制了。所谓达到了虚无境界的人，是指这些人的主观意识不再受到什么制约。现在为了达到虚无而受制约，就不是什么虚无了。达到了虚无境界的人，在对待无为上，不把无为当作经常要注意的事。不把无为当作经常要注意的事，就达到了虚无境界；达到了虚无境界，德就充足；德充足了，也就叫作上德。所以《老子》说："道德高尚的人无所作为而又不是为了达到什么目的才这样做的。"

仁者，谓其中心欣然爱人也；其喜人之有福，而恶人之有祸也；生心之所不能已也，非求其报也。故曰："上仁为之而无以为也。"

义者，君臣上下之事，父子贵贱之差也，知交朋友之接也，亲疏内外之分也。臣事君宜，下怀上宜，子事父宜，贱敬贵宜，知交友朋之相助也宜，亲者内而疏者外宜。义者，谓其宜也，宜而为之。故曰："上义为之而有以为也。"

【译文】

仁是指内心自发地去爱人，喜欢别人得到幸福而不愿别人遭到祸害；仁是出自内心的不可遏抑的一种自然的情感，并不是为了求得别人的报答。所以说："最高境界的仁没有功利的行为目的。"

义，是君主与臣子、上级和下级之间的一种办事原则，是父亲和儿子、地位高贵的人和地位低下的人之间的一种等级差别，是知己、熟人、同学、朋友之间的一种交往方式，臣子侍奉君主得当，下属依恋上司得当，孩子侍奉父亲得当，卑贱礼敬尊贵得当，知交朋友互助得当，内亲外疏得当。义就是说处理各种关系很得当，得当的才去做。所以说："最高境界的义就是要去做而且要做得非常得当。"

礼者，所以貌情也，群义之文章也，君臣父子之交也，贵贱贤不肖之所以别也。中心怀而不谕，故疾趋卑拜而明之；实心爱而不知，故好言繁辞以信之。礼者，外饰之所以谕内也。故曰：礼以貌情也。凡人之为外物动也，不知其为身之礼也。众人之为礼也，以尊他人也，故时劝时衰。君子之为礼，以为其身；以为其身，故神之为上礼；上礼神而众人贰，故不能相应；不能相应，故曰："上礼为之而莫之应。"众人虽贰，圣人之复恭敬尽手足之礼也不衰。故曰："攘臂而仍之。"

道有积而积有功；德者，道之功。功有实而实有光；仁者，德之光。光有泽而泽有事；义者，仁之事也。事有礼而礼有文；礼者，义之文也。故曰："失道而后失德，失德而后失仁，失仁而后失义，失义而后失礼。"

【译文】

礼是体现内心感情的，是各种义的有条理的表现，是规定君臣父子之间相处关系的准则，是区别高贵和卑贱、贤能和不孝的方式。内心依恋而不能表达，所以用快速地小步走和下跪叩拜等礼貌动作来表明自己内心的怀念和归顺；心里确实有所爱慕而对方却不了解，所以用美好动听的言辞来加以申述，礼，是用来表明内心思想感情而体现在外表的礼节。所以说：礼是用来体现内心感情的。大凡人被外界的事物感动的时候，并不懂得这种感动就是他自身的礼。一般人的行礼，是用来尊重别人的，所以有时认真，有时马虎。君子讲求礼，是用它来增进他自身的修养；增进自身的修养，所以专心一意地对待它而使它成为最高的礼；君子行最高的礼专心一意而一般人却三心二意，所以两者就不能相应；两者不能相应，所以说："最高的礼实行了却没有人响应。"一般人虽然三心二意，圣人却还是毕恭毕敬地遵行所有作揖跪拜的礼而不懈怠。所以说圣人"竭尽全力继续行礼"。

道有所积聚，而道的积聚能产生功效；德也就是道的功效。

功效有实际表现，有实际表现就有光辉；仁也就是德的光辉。光辉有它的色泽，色泽有表现它的事情；义，就是关于仁的事情。事情有礼的规定，而礼节有一定的制度；礼，就是义的制度。所以说："失去道之后，就失掉了德；失去德之后，就失掉了仁；失去仁之后，就失掉了义；失去义之后，就失掉了礼。"

礼为情貌者也，文为质饰者也。夫君子取情而去貌，好质而恶饰。夫恃貌而论情者，其情恶也；须饰而论质者，其质衰也。何以论之？和氏之璧[1]，不饰以五采[2]；隋侯之珠[3]，不饰以银黄。其质至美，物不足以饰之。夫物之待饰而后行者，其质不美也。是以父子之间，其礼朴而不明，故曰礼薄也。凡物不并盛，阴阳是也；理相夺予，威德是也；实厚者貌薄，父子之礼是也。由是观之，礼繁者，实心衰也。然则为礼者，事通人之朴心者也。众人之为礼也，人应则轻欢，不应则责怨。今为礼者事通人之朴心而资之以相责之分，能毋争乎？有争则乱，故曰："夫礼者，忠信之薄也，而乱之首乎。"

【注释】

1 和氏之璧：古代的宝石，相传为楚国卞和进献给楚王的美玉。

2 五采：指蓝、黄、赤、白、黑五种颜色。

3 隋侯之珠：古代的名珠。相传隋侯曾经为一条受伤的大蛇疗伤，蛇为报答他的恩情，衔给他一颗大宝珠，后人称其为"隋侯之珠"。

【译文】

礼是内心情感的一种外在表现，文采是内在本质的一种修饰。君子抓住那内在的真情而不去管他外在的表现，喜欢本质而厌恶修饰。那些依靠外在的表现来让人判断自己内心情感的人，那么在他们身上所体现的这种情感就是不好的；那些等外表修饰以后才让人来论断其内在本质的东西，那么它们身上所体现的这种本质就是衰败不堪的。凭什么对它下这样的结论呢？和氏璧，不用赤、黄、蓝、白、黑等种种色彩来修饰；隋侯珠，也不用金银来修饰。它们内在本质美到了极点，别的东西不足以修饰它们，那些要等装饰以后才能流行的东西，它的本质肯定不美。因此父子之间的礼淳朴自然而不拘形式，所以说，礼是淡薄的。大凡事物不能够同时旺盛，阴、阳双方就是这种情形；事理总是正反相互排斥的，刑罚和奖赏二者就是这种情形；实情深厚的外貌就淡薄，父亲与儿子之间的礼就是这种情形。从这种情况来看，礼节繁琐是内心真实感情衰竭的表现。既是如此，那么施行礼，正是为了沟通人们朴实的心意。所以一般人行礼，别人还礼就轻快欢乐，别人没有还礼就责怪怨恨。现在行礼的人本来出于沟通人们朴实的心意，却又给众人提供了互相责怪的名目，怎么会不发生争执呢？有了争执就会产生祸乱，所以说："礼是内心的忠诚淡薄的表现，是产生争乱的开端。"

先物行先理动之谓前识。前识者，无缘而妄意度也[1]。何以论之？詹何坐[2]，弟子侍，牛鸣于门外。弟子曰："是黑牛也在而白题[3]。"詹何曰："然，是黑牛也，而白在其角。"使人视之，果黑牛而以布裹其角。以詹子之术，婴众人之心[4]，华焉殆矣！故曰："道之华也。"尝试释詹子之察，而使五尺之愚童子视之，亦知其黑牛而以布裹其角也。故以詹子之察，苦心伤神，而后与五尺之愚童子同功，是以曰"愚之首也"。故曰："前识者，道之华也，而愚之首也。"

【注释】

1 意度：主观猜测。意：通"臆"。

2 詹何：战国时楚国隐士，道家人物。

3 题：额头。

4 婴：纠缠。

【译文】

在事物没有出现之前和事理没有表现出来之前就行动，这叫作超前意识。这种先于经验的见识，是没有依据而做出的主观猜测。凭什么对它下这样的结论呢？一次，詹何在屋里静坐，他的学生侍候在旁边，有头牛在门外叫着。学生说："正在叫的是一头黑牛而它的额头是白色的。"詹何说："对。这是头黑牛。但白色在它角上。"派人去验看，果然是黑牛而用白布包着它的角。用詹先生的道术来扰乱众人的心，华而不实而且太劳心伤神了！所以说"前识是先于经验的见识，是道的浮华"。不妨放弃詹何的明察，而派个身长不到一米的傻孩子去看一下那头牛，也知道是黑牛而用白布包着它的角。所以用詹何的明察，劳心伤神，却才能和不到一米的蠢孩子取得同样的功效，因此说这是"愚蠢的开端"。所以说："超前意识，是道的浮华，是愚蠢的开端。"

所谓"大丈夫"者，谓其智之大也。所谓"处其厚不处其薄"者，行情实而去礼貌也。所谓"处其实不处其华"者，必缘理不径绝也。所谓"去彼取此"者，去貌、径绝而取缘理、好情实也。故曰："去彼取此。"

【译文】

《老子》中所说的"大丈夫"，是说他的智慧很高。所说的"立身淳厚而不立身轻薄"，是说表现真情实感而去掉外表的礼貌。所说的"立身朴实而不立身虚华"，是说必须遵循事理而不简单跨越事理。所说的"去掉那个，采取这个"，是说去掉多余礼貌、简单跨越事理而选择遵循事理、喜欢真情实感。所以说："去掉那个，采取这个。"

人有祸，则心畏恐；心畏恐，则行端直；行端直，则思虑熟；思虑熟，则得事理。行端直，则无祸害；无祸害，则尽天年[1]。得事理，则必成功。尽天年，则全而寿。必成功，则富与贵。全寿富之谓福。而福本于有祸。故曰："祸兮福之所倚。"以成其功也。

人有福，则富贵至；富贵至，则衣食美；衣食美，则骄心生；骄心生，则行邪僻而动弃理[2]。行邪僻，则身死夭[3]；动弃理，则无成功。夫内有死夭之难，而外无成功之名者，大祸也。而祸本生于有福。故曰："福兮祸之所伏。"

夫缘道理以从事者，无不能成。无不能成者，大能成天子之势尊，而小易得卿相将军之赏禄。夫弃道理而妄举动者，虽上有天子诸侯之势尊，而下有猗顿、陶朱、卜祝之富[4]，犹失其民人而亡其财资也。众人之轻弃道理而易妄举动者，不知其祸福之深大而道阔远若是也，故谕人曰："孰知其极[5]？"

人莫不欲富贵全寿，而未有能免于贫贱死夭之祸也。心欲富贵全寿，而今贫贱死夭，是不能至于其所欲至也。凡失其所欲之路而妄行者之谓"迷"，迷则不能至于其所欲至矣。今众人之不能至于其所欲至，故曰："迷"。众人之所不能至于其所欲至也，自天地之剖判以至于今[6]。故曰："人之迷也，其日故以久矣。"

【注释】

1 天年：人自然的寿数。

2 邪僻：邪恶不正。

3 夭：未成年就死。

4 猗顿：春秋时鲁国人。当时出名的豪富。陶朱：即范蠡。春秋时越国大臣，帮助越王勾践灭掉吴国之后，辞官经商，成为当时富豪。居住在陶，自称陶朱公。卜祝：从事问卜求神职业的人。

5 极：究竟。

6 天地之剖判：中国古代传说，世界在没有形成之前，天地是浑然一起的，后来天地分开，形成了世界。剖判：就是分开的意思。

【译文】

人有祸害,内心就恐惧;内心恐惧,行为就正直;行为正直,思虑就成熟；思虑成熟，就能得到事物的规律。行为正直，就没有祸害；没有祸害，就能尽享天年。得到事理，就一定能成就功业。尽享天年，就能全身而长寿。一定成就功业，就富有而显贵。全寿富贵叫做福。而福本源于有祸。所以说："祸啊，是福所依存的存在。"即由此成就了人们的功业。

人有了福，那么富贵就会来到；富贵来到，那么穿衣吃饭就会丰盛美好；穿衣吃饭丰盛美好，那么骄傲的心理就会产生；骄傲的心理产生，那么行为就会邪僻而行动也就会违背事理。行为邪僻，那么身体就会死亡夭折；行动违背事理，那么就很难成功。本身有死亡夭折的灾难而在外又没有成功的名声，就是大灾祸。而灾祸本身来源于幸福。所以说："福气里面伏藏着灾祸。"

按照事物的法则办事的人，没有不成功的。大功能成就天子的权势尊严，小功容易取得卿相将军的赏赐俸禄。违背事物法则而轻举妄动的，即使上有天子诸侯的权势尊严，下有猗顿、陶朱以及卜祝的富有，还是会失去百姓而丧失财产的。大家之所以轻易地违背事物法则而轻举妄动，是由于不懂得祸福转化的道理广阔深远得像这个样子，这就告诫人们："谁知道它的究竟？"

人们没有不想富贵全寿的，但没有谁能免于贫贱早死的灾祸。心里想富贵全寿，而现实却贫贱早死，就是没能达到他想达到的目的。凡是离开他想走的路而乱走的，就叫做迷惑；

迷惑就不能到达他想到达的地方了。现在众人不能到达想要到达的地方，所以叫"迷"。从开天辟地直到现在，都是这种情况，所以说："人们陷入迷途的日子确是很长久了。"

所谓方者[1]，内外相应也，言行相称也。所谓廉者，必生死之命也，轻恬资财也。所谓直者，义必公正，公心不偏党也。所谓光者，官爵尊贵，衣裘壮丽也。今有道之士，虽中外信顺，不以诽谤穷堕；虽死节轻财，不以侮罢羞贪[2]；虽义端不党，不以去邪罪私；虽势尊衣美，不以夸贱欺贫。其故何也？使失路者而肯听习问知，即不成迷也。今众人之所以欲成功而反为败者，生于不知道理而不肯问知而听能。众人不肯问知听能，而圣人强以其祸败适之[3]，则怨。众人多而圣人寡，寡之不胜众，数也。今举动而与天下之为仇，非全身长生之道也，是以行轨节而举之也。故曰："方而不割，廉而不刿，直而不肆，光而不耀。"[4]

【注释】

1 方：指品行端正。

2 罢：通"疲"，软弱无能。

3 适：通"谪"，责备。

4 引文见《老子·五十八章》。

【译文】

所谓方正，是指人的内心和外表一致，言与行相吻合。所谓廉正，是指舍生忘死，看轻物质方面的利益。所谓正直，是指在道义上一定公正，出于公心而不偏袒、不结党营私。所谓光耀，是指官爵尊贵，衣着华丽鲜亮。现在掌握了道的人，虽然内心和外表都真诚和顺，也不因此而指责议论那些襟怀不坦白、表里不一致的人；虽然能舍生忘死并看轻物质方面的利益，但并不以此侮辱软弱的人，耻笑贪图财利的人；虽然品行端正而不结党营私，也不因此而弹劾奸邪不正的人，责怪自私的人；虽然地位尊贵而衣着华丽鲜亮，但并不以此藐视卑贱的人，欺侮贫穷的人。这样做的原因是什么呢？假如迷路的人肯听从熟悉情况的人，或向了解道路的内行请教一下，就不会迷路了。如今一般人之所以希望成功却反而落败，是因为他们不通晓事物的内在规律而又不愿意向通晓这个规律的有识之士请教，或者向遵循这个规律办事的能人打听。一般人不肯请教有识之士和听从能干的人，而圣人硬要拿他们惹出的惑乱之事加以责备，就会招致怨恨。一般的人人数众多，而有道德的圣人人数很少，人数少的不能胜过人数多的，这是必然的道理。如果一举一动都和天下的人作对，那就不能保全自身而求得长寿了，因此圣人用遵循法度来引导人们。所以说："方正，但不割伤别人；有棱角，但不刺伤别人；正直，但不肆意指责别人；显贵光荣，但不向别人炫耀。"

聪明睿智，天也；动静思虑，人也。人也者，乘于天明以视，寄于天聪以听，托于天智以思虑。故视强，则目不明；听甚，则耳不聪；思虑过度，则智识乱。目不明，则不能决黑白之分；耳不聪，则不能别清浊之声；智识乱，则不能审得失之地。目不能决黑白之色则谓之盲，耳不能别清浊之声则谓之聋，心不能审得失之地则谓之狂。盲则不能避昼日之险，聋则不能知雷霆之害，狂则不能免人间法令之祸。书之所谓"治人"者，适动静之节，省思虑之费也。所谓"事天"者，不极聪明之力，不尽智识之任。苟极尽，则费神多；费神多，则盲聋悖狂之祸至，是以啬之。啬之者，爱其精神，啬其智识也。故曰："治人事天莫如啬。"

【译文】

听力、视力和智力，是自然赋予的；举止、思虑，是人为养成的。人们要借助自然赋予的视力去观察，借助自然赋予的听力去聆听，借助自然赋予的智力去思考。所以视力用得过度，眼睛就会不明；听力用得过度，耳朵就会不灵；思虑过度，智力的认识功能就混乱。视力变差，就不能判断黑白界限；听力衰退，就不能区别清浊声音；认识功能混乱，就不能审察成功与失败的根源。眼睛不能判断黑白颜色就叫做盲，耳朵不能区别清浊声音就叫做聋，心智不能审察成功与失败的根源就叫做狂乱。盲就不能躲避白天的危险，聋就不能知道雷霆的危害，狂乱了就不能避免触犯人间法令而带来的祸殃。《老子》所说的"治人"，是指协调举止的节奏，节省脑力的消耗。所说的"事天"，是指不要极度地发挥听力和视力的功能，运用智力不要超过智力认识功能的限度。假如毫无保留地使用它们，就会过度费神；过度费神，盲、聋、狂乱的祸害就会到来，因此要节省。节省是指爱惜精神，节省脑力。所以《老子》说："治人事天没有比节省更为重要的了。"

众人之用神也躁，躁则多费，多费之谓侈。圣人之用神也静，静则少费，少费之谓啬。啬之谓术也[1]，生于道理。夫能啬也，是从于道而服于理者也。众人离于患[2]，陷于祸，犹未知退，而不服从道理。圣人虽未见祸患之形，虚无服从于道理，以称蚤服。故曰："夫谓啬，是以蚤服。"

【注释】

1 谓：通"为"，作为。

2 离：通"罹"，遭受。

【译文】

一般的人用神非常浮躁，浮躁，精神的消耗就多，消耗多就是浪费；圣人用神安静，安静，精神的消耗就少，消耗少就是节省。节省作为一种方法，产生于事物的内在规律。能够节省，也就是服从于这种内在规律。一般人遭受灾患，陷入祸害，仍然不知道退却，而不服从事物的内在规律。圣人虽然不曾看见祸患的苗头，却早就能毫无成见地服从于事物的内在规律，这叫"早服"。所以说："正因为圣人节省，所以能够早服。"

　　知治人者，其思虑静；知事天者，其孔窍虚。思虑静，故德不去；孔窍虚，则和气日入。故曰："重积德。"夫能令故德不去，新和气日至者，蚤服者也。故曰："蚤服，是谓重积德。"积德而后神静，神静而后和多，和多而后计得，计得而后能御万物，能御万物则战易胜敌，战易胜敌而论必盖世，论必盖世，故曰"无不克。"无不克本于重积德，故曰"重积德，则无不克"。战易胜敌，则兼有天下；论必盖世，则民人从。进兼天下而退从民人，其术远，则众人莫见其端末。莫见其端末，是以莫知其极。故曰："无不克，则莫知其极。"

【译文】

　　通晓安排人生的人，他的思虑就安静；通晓遵循自然所赋予的视力、听力和智力的人，他的眼、耳、口、鼻等器官就畅通。思虑安静，原有的道德就不会失去；眼、耳、口、鼻等器官畅通，安和的精气就会天天进来，这就是"不断积德。"能使原有的道德不失去，新的安和之气天天来到的人，就是"早服"的人，所以说："早服，指的是不断积德。"不断积德，心神便能安静；心神安静以后，安和之气就能增多；安和之气增多，计谋就会得当；计谋得当，就可以驾驭万物；可以驾驭万物，打仗就很容易击败敌人；打仗容易击败敌人，理论就必然称雄于世；理论称雄于世，于是就"无往而不胜"。无往而不胜源于不断积德，因此说："不断积德就可以无往而不胜。"打仗容易击败敌人，就会拥有天下；理论必然称雄于世，民众就会服从。进可以拥有天下，退可以使民众服从，他的道术就极其深远了，一般人也就看不到它的首尾；看不到它的首尾，因此没有人能知道它的究竟。因此说："无往而不胜，就没有人能知道它的究竟。"

凡有国而后亡之，有身而后殃之，不可谓能有其国、能保其身。夫能有其国，必能安其社稷；能保其身，必能终其天年；而后可谓能有其国、能保其身矣。夫能有其国、保其身者，必且体道。体道，则其智深；其智深，则其会远；其会远，众人莫能见其所极。唯夫能令人不见其事极，不见其事极者为保其身、有其国。故曰："莫知其极。""莫知其极，则可以有国。"

【译文】

　　凡是拥有国家之后又让它灭亡，有了身体以后又使它遭殃的，这样的人不能说是有资格拥有国家、能够保全身体。能够拥有国家的人，一定能够安定国家；能够保全身体的人，一定能够享尽自然赋予自己的寿命；这样才能说是拥有国家、保全身体了。能拥有国家、保全身体的人，一定能够享尽自然赋予自己的寿命；做到这些之后才能说是能够拥有国家、能够保全身体；能够拥有国家、能够保全身体的人，一定会身体力行地遵行事物的客观规律；遵行客观规律，他的智慧就一定很深；智慧很深，他的计谋就一定很高超；计谋很高超，一般的人就没有谁能知道他的究竟。只有那种不能让人看透究竟的人，才有能力保全身体、拥有国家。这就是："没有人知道他的究竟。""没有人知道他的究竟，就可以拥有国家了。"

　　所谓"有国之母"：母者，道也；道也者，生于所以有国之术；所以有国之术，故谓之"有国之母"。夫道以与世周旋者，其建生也长，持禄也久。故曰："有国之母，可以长久。"树木有曼根[1]，有直根。直根者，书之所谓"柢"也。柢也者，木之所以建生也；曼根者，木之所以持生也。德也者，人之所以建生也；禄也者，人之所以持生也。今建于理者，其持禄也久，故曰："深其根。”体其道者，其生日长，故曰：“固其柢。”柢固，则生长；根深，则视久，故曰：“深其根，固其柢，长生久视之道也。”

【注释】

1 曼：通“蔓”，蔓延。

【译文】

所谓“有国之母”：母，是指治国之道；道，产生于拥有国家的方法；因为是拥有国家的方法，因此称之为“拥有国家的根本”。用道来应对世事的人，他的生命就会长久，保持禄位就能久远，所以说：“拥有国家的根本，可用来使自己长存久安。”树木有横向蔓延出来的须根，有直立向下伸展的主根。主根就是所说的“柢”。柢是树木建立生命的根本，须根是树木用来维持生命的条件。德是人类建立生命的根本，禄是人用来维持生命的基础。现在立身于遵循事理的人，他的爵禄就能保持长久，这就好比加深它的须根。能按照根本规律办事，他的生命也就长久，这就好比巩固它的主根。主根巩固了，就能生长；须根加深了，就能生活长久，所以说：“加深须根，巩固主根，是延长生命长久存活的根本方法。”

工人数变业则失其功，作者数摇徙则亡其功。一人之作，日亡半日，十日则亡五人之功矣；万人之作，日亡半日，十日则亡五万人之功矣。然则数变业者，其人弥众，其亏弥大矣。凡法令更则利害易，利害易则民务变，务变之谓变业。故以理观之：事大众而数摇之[1]，则少成功；藏大器而数徙之，则多败伤；烹小鲜而数挠之，则贼其泽；治大国而数变法，则民苦之。是以有道之君贵静，不重变法。故曰："治大国者若烹小鲜。"

【注释】

1 事：通"使"，役使。

【译文】

有技艺的人屡次变更职业就会降低自己的工作效率，劳作者经常变动他手中的活计就会没有成绩。一个人工作，每天去掉半天时间，十天就损失了五个人的工作成果；一万个人工作，每天去掉半天时间，十天就损失了五万个人的工作成果。既然如此，屡次变更职业，人数越多，损失就越大。大凡法令改变了，得利、受害的情况也就跟着改变；得利、受害的情况改变了，民众从事的职业也就跟着变化；从事的职业有了变化，就叫作变更业务。所以按照道理来看，役使广大的民众而屡次变动他们的工作，劳动成果就会减少；珍藏贵重的器物而屡次搬迁它们，损毁就会变大；烹煮小鲜鱼而屡次搅动它，就伤害它的光泽；治理大国而屡次变更法令，百姓就会受到坑害。因此掌握了治国原则的君主将安定看得非常重要，法令确定以后，不再轻易变更。所以说："治理大国就好像烹煮小鲜鱼。"

人处疾则贵医，有祸则畏鬼。圣人在上，则民少欲；民少欲，则血气治而举动理；举动理，则少祸害。夫内无痤疽瘅痔之害而外无刑罚法诛之祸者[1]，其轻恬鬼也甚。故曰："以道莅天下，其鬼不神。"治世之民，不与鬼神相害也。故曰："非其鬼不神也，其神不伤人也。"鬼祟也疾人之谓鬼伤人，人逐除之之谓人伤鬼也[2]。民犯法令之谓民伤上，上刑戮民之谓上伤民。民不犯法，则上亦不行刑；上不行刑之谓上不伤人。故曰："圣人亦不伤民。"上不与民相害，而人不与鬼相伤，故曰："两不相伤[3]。"民不敢犯法，则上内不用刑罚，而外不事利其产业。上内不用刑罚，而外不事利其产业，则民蕃息。民蕃息而畜积盛。民蕃息而畜积盛之谓有德。凡所谓祟者，魂魄去而精神乱，精神乱则无德。鬼不祟人，则魂魄不去；魂魄不去，而精神不乱；精神不乱之谓有德。上盛畜积而鬼不乱其精神，则德尽在于民矣。故曰："两不相伤，则德交归焉[4]。"言其德上下交盛而俱归于民也。

【注释】

1 痤疽：毒疮。浅的叫"痤"，深的叫"疽"。瘅：通"疸"。

2 "鬼祟也疾人之谓鬼伤人，人逐除之之谓人伤鬼也"两句当在"治世之民"之上。

3 两：两方面。依韩非的解释，"两"指君与民、人与鬼两个方面。

4 交：都。

【译文】

人处在疾病之中就尊重医生，有了祸害就害怕鬼。如果圣人在上面统治，那么民众就清心寡欲；民众清心寡欲，他们的血气就和顺而行动也合理；行动合理，他们身上就很少有祸害了。那种在身体上没有痈疮、黄疸、痔疮等疾病的危害而体外又没有按刑惩罚、依法治罪的祸患的人，他们对鬼就轻视淡漠得很。所以《老子》说："用道来统治天下，那鬼就不灵了。"生活在太平盛世中的民众，不和鬼互相伤害。所以《老子》说："不是那鬼不灵，而是即使灵也伤害不了人。"鬼作怪而使人生病叫作鬼伤害人，人驱除鬼的作祟叫作人伤害鬼，民众违犯法令叫作民众伤害君主，君主用刑罚来惩处杀戮人民叫作君主伤害人民。民众不犯法，那么君主也不用刑罚；君主不用刑罚叫作君主不伤害民众。所以《老子》说："圣人也不伤害民众。"君主不与民众互相伤害，而人也不与鬼互相伤害，所以《老子》说："两方面都不互相伤害。"民众不敢犯法，那么君主对他们的身体就不用刑罚，他也不会致力于从他们的产业中求取身外的利益。君主对他们的身体不用刑罚，他们也不追求身外的利益，民众就会繁衍滋生。民众繁衍滋生，他们的积蓄也就多了。民众繁衍生息而财产积蓄很多就叫作有道德。一般所说的作祟，是指丧魂落魄而精神错乱，精神错乱那就没有道德了。鬼不对人作祟，那么人的魂魄就不会离开身体；魂魄不离开身体，那么精神就不会错乱；精神不错乱就叫作有道德。君主使民众的积蓄很多而鬼又不使他们的精神错乱，那么道德就都落实在民众身上了。所以《老子》说："两方面都不伤害民众，那么道德就都汇聚到民众那里了。"这是说举国上下的道德都盛美而又都汇聚到民众那里。

有道之君，外无怨仇于邻敌，而内有德泽于人民。夫外无怨仇于邻敌者，其遇诸侯也外有礼义；内有德泽于人民者，其治人事也务本。遇诸侯有礼义，则役希起[1]；治民事务本，则淫奢止[2]。凡马之所以大用者，外供甲兵而内给淫奢也。今有道之君，外希用甲兵，而内禁淫奢。上不事马于战斗逐北，而民不以马远淫通物[3]，所积力唯田畴。积力于田畴，必且粪灌。故曰："天下有道，却走马以粪也[4]。”

【注释】

1 希：通“稀”。

2 淫：过度。

3 淫：游。

4 却：止。

【译文】

有道德的君主，在国外与相邻的势均力敌的国家没有什么仇恨，而在国内对人民有恩德。在国外与相邻的势均力敌的国家没有什么仇恨的君主，在款待诸侯的时候，在外交场合有一定的礼节和道义；在国内对人民有恩德的君主，他在管理民众事务的时候，致力于最根本的农业。对待诸侯有礼节有道义，那么战争就很少发生；管理民众的事务致力于农业这个根本，那么过度的奢侈就被禁止了。马之所以被大大地加以使用，是因为它对外要供给部队作打仗用，而对内要满足人们过度的奢侈浪费的需要。现在有道德的君主对外很少用兵，而对内禁止过度的奢侈。君主不在作战交锋和追击败敌中使用马，而百姓又不用马到远处游荡运输货物，所积聚起来的力量只用在农田上。积聚的力量都用在农田上，那么马必将用来施肥灌溉了。所以《老子》说：“社会政治清明，就会让奔跑着的马歇下来给田地施肥。"

　　人君无道，则内暴虐其民，而外侵欺其邻国。内暴虐，则民产绝；外侵欺，则兵数起。民产绝，则畜生少；兵数起，则士卒尽。畜生少，则戎马乏；士卒尽，则军危殆。戎马乏，则将马出；军危殆，则近臣役。"马"者，军之大用；"郊"者，言其近也。今所以给军之具于将马近臣。故曰："天下无道，戎马生于郊矣。"

【译文】

　　君主昏庸无道，那么对内就残暴地虐待他的百姓，而对外就侵略欺负他的邻国。在国内残暴地虐待百姓，那么百姓的产业就会被糟蹋光；对外侵略欺负邻国，那么战争就会屡屡发生。百姓的产业被搞光了，那么蓄养的牲口就会减少；战争屡次发生，士兵就会死光。牲畜减少，战马就会缺乏；士兵死光，军队就会危险。战马缺乏，将帅的马也要被拉出去打仗；军队危险，君主身边的将帅也要派出去参加战斗。《老子》所说的"马"，是军队的重要工具；《老子》所说的"郊"，是指将帅与君主的亲近。现在用来供给军队的工具和兵源已经轮到了将帅的马和君主身边的将帅身上，所以《老子》说："社会政治黑暗，战马就出于近郊了。"

人有欲，则计会乱[1]；计会乱，而有欲甚；有欲甚，则邪心胜；邪心胜，则事经绝[2]；事经绝，则祸难生。由是观之，祸难生于邪心，邪心诱于可欲。可欲之类，进则教良民为奸[3]，退则令善人有祸[4]。奸起，则上侵弱君；祸至，则民人多伤。然则可欲之类，上侵弱君而下伤人民。夫上侵弱君而下伤人民者，大罪也。故曰："罪莫大于可欲。"是以圣人不引五色，不淫于声乐；明君贱玩好而去淫丽。

【注释】

1 会：计。

2 经：通"径"。

3 进：进用，引申为提倡。

4 退：屏退，引申为禁止。

【译文】

人有了欲望，那么计算谋虑就会错乱；计算谋虑错乱，产生的欲望就更加厉害了；产生的欲望更加厉害，邪恶的念头就占了上风；邪恶的念头占了上风，做事就不会按照事理了；做事不按照事理，那么祸害灾难就发生了。从这种情况来看，祸害灾难来自邪恶的念头，而邪恶的念头又诱发于可以引起欲望的东西。如果提倡可以引起欲望的那类东西，就会使好人做坏事；禁止它们，也会让好人遭到祸害。邪恶的事情发生了，那么向上就会侵害和削弱君主；灾祸到来了，就有很多民众要受到伤害。这样看来，可以引起欲望的那类东西在上面会侵害削弱君主而在下面会伤害人民。这是一种极大的罪过。所以《老子》说："罪过没有比可以引起欲望的东西更大的了。"因此圣人不被五彩缤纷的颜色所引诱，不沉湎于音乐；英明的君主鄙视珍贵的玩物而且抛弃过分的华丽。

人无毛羽，不衣则不犯寒[1]；上不属天而下不著地[2]，以肠胃为根本，不食则不能活；是以不免于欲利之心。欲利之心不除，其身之忧也。故圣人衣足以犯寒，食足以充虚，则不忧矣。众人则不然，大为诸侯，小余千金之资，其欲得之忧不除也。胥靡有免，死罪时活，今不知足者之忧终身不解。故曰："祸莫大于不知足。"

【注释】

1 犯：胜。

2 属：连。著：同"着"，附着。

【译文】

人身上不长兽毛鸟羽，所以不穿衣服就不能战胜寒冷；人在上面不依附于天空而在下面不扎根大地，拿肠胃作为生命的根本源泉，所以不吃东西就不能活下去；因此不免有贪图得利的思想。贪图得利的思想不去掉，便成了人生的忧虑。所以，圣人穿衣服只求能用来克服寒冷，吃东西只求能用来充饥，这就没有什么忧虑了。一般的人却不是这样，大的做了诸侯，小的积余了上千金的钱财，但他们想得利的忧虑还是不能排除。囚犯总有一天被释放，犯死罪的人有时也能活下来，现在不知满足者的忧虑终身不能解脱。所以《老子》说："祸患没有比不知满足更大的了。"

故欲利甚于忧[1]，忧则疾生；疾生而智慧衰；智慧衰，则失度量；失度量，则妄举动；妄举动，则祸害至；祸害至而疾婴内[2]；疾婴内，则痛祸薄外；痛祸薄外，则苦痛杂于肠、胃之间；苦痛杂于肠、胃之间，则伤人也憯；憯，则退而自咎；退而自咎也生于欲利。故曰："咎莫憯于欲利。"

【注释】

1 于：则。

2 婴：通"撄"，扰乱。

【译文】

想要得利想得太厉害，就会忧虑万分；忧虑万分，就会生病；生病了，那么智慧就会衰退；智慧衰退了，就会丧失行动的准则；丧失了行动的准则，就会轻举妄动；轻举妄动，那么祸害就来到了；祸害来到了，疾病就会侵扰内心；疾病侵扰了内心，疼痛的灾难就降临到身上；疼痛的灾难，内心的苦恼和体表的疼痛便错杂在肠、胃之间；苦恼和疼痛会聚在肠、胃之间，对人的伤害就很惨痛了。受到了惨痛的伤害，那才静下来引咎自责；明白灾祸来自贪利。所以《老子》说："引咎自责没有比贪利更惨痛的了。"

道者，万物之所然也[1]，万理之所稽也[2]。理者，成物之文也[3]；道者，万物之所以成也。故曰：道，理之者也[4]。物有理，不可以相薄[5]；物有理不可以相薄，故理之为物之制。万物各异理，而道尽稽万物之理，故不得不化[6]；不得不化，故无常操[7]；无常操，是以死生气禀焉[8]，万智斟酌焉[9]，万事废兴焉。天得之以高[10]，地得之以藏[11]，维斗得之以成其威[12]，日月得之以恒其光，五常得之以常其位[13]，列星得之以端其行[14]，四时得之以御其变气，轩辕得之以擅四方[15]，赤松得之与天地统[16]，圣人得之以成文章。道，与尧、舜俱智，与接舆俱狂[17]，与桀、纣俱灭[18]，与汤、武俱昌[19]。以为近乎，游于四极；以为远乎，常在吾侧；以为暗乎，其光昭昭；以为明乎，其物冥冥。而功成天地，和化雷霆[20]，宇内之物，恃之以成。凡道之情：不制不形，柔弱随时，与理相应。万物得之以死，得之以生；万事得之以败，得之以成。道，譬诸若水，溺者多饮之即死，渴者适饮之即生；譬之若剑戟，愚人以行忿则祸生，圣人以诛暴则福成。故得之以死，得之以生；得之以败，得之以成。

【注释】

1 然：如此，形成。

2 理：事理，指各种具体事物的内在规律。稽：合，相当。

3 文：纹理，指体现道的各种具体法则。

4 理：使……有事理。之：指代万物。

5 薄：迫近，指侵扰。

6 不得不化：道不能不变化。各种事物无不在变化之中，道是反映各种事理的普遍法则，所以道也就不能不随之而发生变化。

7 无常操：没有永恒的操持，即没有永远不变的常规。这是韩非"世异则事异"，"事异则备变"的历史发展观以及变法论的理论基础。

8 气：自然界的现象。禀：受，承受，引申指性情或气质的天然生成。

9 斟酌：酒筛得少叫斟，筛得多叫酌，这里指人的智慧从道那里吸取得有多有少，从而呈现出智商的有高有低。

10 之：它，指变化着的道。下同。

11 藏：收藏，储藏，指包容万物而博大丰富。

12 维斗：北斗星。古人认为北斗星是众星的纲维，所以称之为维斗。成其威：形成了它的威势。古人认为北斗星处于天的中心，众星都围绕着它。它的地位与君主相似，所以韩非说它有威势。

13 五常：指天之五行。常其位：使它们的方位固定不变。

14 列星：排列位置固定而定时出现的恒星。端：正。

15 轩辕：轩辕氏，指黄帝。擅：拥有，据有。

16 赤松：赤松子，姓赤松，名时乔，字受纪。传说他得道成仙，常生不死。统：统一。与天地统：与天地成为一统，指与天地一样长寿。

17 接舆：春秋末期楚国人。

18 桀、纣：指夏桀和商纣。

19 武：指周武王姬发。

20 和：和气，中和之气，是阴阳二气达到某种和谐程度后生成的一种具有相对稳定性的基因。化：生成。

【译文】

道，是使天地万物之所以成为这个样子的总规律，是与各种事理相当的总法则。理，是构成具体事物的具体法则；道，是万物得以形成的普遍法则。所以说道是使各种事物具有具体法则的东西。事物各有自己的具体法则，所以不会互相侵扰；事物有各自的具体法则而不会互相侵扰，这具体的法则就成为具体事物的支配者。各种事物各有不同的具体法则，而道与各种事物的具体法则都相当，所以它不能不随着不同的具体法则而变化；道不能不随着不同的具体法则而变化，所以它没有永恒不变的规则。道没有永恒不变的规则，因此，死与生这种自然现象由于这种变化无常的道而天然地生成了，各人的智慧由于这种变化无常的道而有低有高，各种事物由于这种变化无常的道而有衰败有兴盛。天得到了它因而高远无比，地得到了它因而储藏丰富，北斗星得到了它因而形成了自己的威势，太阳月亮得到了它因而使自己的光辉永恒不绝，金、木、水、火、土五大行星得到了它因而使自己的方位固定不变，罗列于天空的众星得到了它因而使自己的运行保持正常，四季得到了它因而能驾驭自己的节气变化，黄帝得到了它因而能控制四面八方，赤松子得到了它因而与天地一样长寿，圣人得到了它因而制成了礼乐制度。道，和尧、舜在一起就表现为聪明，和接舆在一起就表现为发疯，和夏桀、商纣王在一起就表现为灭亡，和商汤、周武王在一起就表现为兴盛。道这个东西，认为它就在附近吧，它却游荡在四方的尽头；认为它离得很远吧，它却常常在我们的身旁；认为它很昏暗吧，它的光芒却闪闪发亮；认为它很明亮吧，它又看不见摸不着。但是，道的力量造就了天地，道的元气生成了雷霆；宇宙间的东西，都靠了它才得以形成。大致说来，道的真实情况是：既不造作又不表露，它柔和文弱地随时变化着来和各种事物的具体法则相适应。各种东西得到了它可以因此而死亡，得到了它也可以因此而生存；各种事情受它影响可以因此而失败，受它影响也可以因此而成功。道，拿它来作比方就好像水，沉没在水中的人因为过多地喝了它就死了，快渴死的人适量地喝了它就活了；拿它来作比方又好像是剑和戟，愚蠢的人拿它来行凶泄怒，就会惹祸，圣人用它来除暴去害，就会造福。所以各种东西得到了它可以因此而死亡，得到了它也可以因此而生存；各种事情受它影响可以因此而失败，受它影响也可以因此而成功。

人希见生象也，而得死象之骨，案其图以想其生也[1]，故诸人之所以意想者皆谓之"象"也。今道虽不可得闻见，圣人执其见功以处见其形[2]。故曰："无状之状，无物之象。"

【注释】

1 案：通"按"。

2 见：同"现"，显现。

【译文】

人们很少见到活象，而得到了死象的骨骼，就按照这骨骼的样子来想象那活象的样子，所以人们靠主观意识想象出来的东西都叫做"象"。现在道虽然不可能被听见或看见，但圣人拿它显现出来的功效去推测揭示它的形象。所以《老子》说："道是没有显露形状的形状，是没有实体的形象。"

凡理者，方圆、短长、粗靡、坚脆之分也[1]，故理定而后可得道也。故定理有存亡，有死生，有盛衰。夫物之一存一亡、乍死乍生、初盛而后衰者，不可谓"常"。唯夫与天地之剖判也具生，至天地之消散也不死不衰者谓"常"。而常者，无攸易，无定理。无定理，非在于常所，是以不可道也。圣人观其玄虚[2]，用其周行[3]，强字之曰"道"，然而可论。故曰："道之可道，非常道也。"

【注释】

1 脆："脃"之俗字，柔软娇嫩。

2 圣人：指老子。

3 用：以。

【译文】

大致说来，理这种事物的具体法则，就是方与圆、短与长、粗与细、坚硬与柔嫩等不同性质的区别原则，所以理确定以后，这些性质才可以得到说明。所以确定的理之中有存在的有消亡的，有死去的有活着的，有兴盛的有衰微的。事物之中那些一会儿存在一会儿又消亡、忽然死了忽然又活了、开始很兴盛而到后来又衰微了的东西，是不可以称之为"永恒"的。只有那种和上天和大地的开辟一起产生，直到天地消亡的时候仍然不死去不衰微的东西才可以叫做"永恒"。而这永恒的东西，既没有什么变换，却也没有确定不变的理。它没有确定不变的理，也就不是处在那固定的状态之中，因此它是不可能加以说明的。圣人观察到它的玄妙虚无，根据它的普遍运行规律，勉强给它起了个名字叫做"道"，然后才可以论说它。所以《老子》说："道如果可以说明白，就不是永恒的道了。"

人始于生而卒死。始之谓出，卒之谓入。故曰："出生入死。"人之身三百六十节，四肢、九窍[1]，其大具也。四肢与九窍十有三者[2]，十有三者之动静尽属于生焉。属之谓徒也，故曰："生之徒也，十有三者。"至死也，十有三具者皆还而属之于死，死之徒亦有十三。故曰："生之徒十有三，死之徒十有三。"凡民之生生，而生者固动，动尽则损也；而动不止，是损而不止也。损而不止，则生尽；生尽之谓死，则十有三具者皆为死地也。

故曰："民之生，生而动，动皆之死地，亦十有三。"

【注释】

1 九窍：指人身体中的口、眼、耳、鼻七窍及排泄大小便的二窍。

2 有：通"又"。

【译文】

人的生命从出生开始至死亡结束，开始叫作"出"，结束叫作"入"，所以说："出于生，入于死。"人的身上有三百六十个关节，四肢和九窍是其中的重要器官。四肢与九窍共十三个部分，这十三个部分的一动一静都属于生存的范围，而属也可以叫作"徒"，就是归属，归类的意思。所以说："生存的部分有十三个。"等到人死以后，这十三个器官又都反过来归属于死亡，属于死亡的部分也有十三个部分。所以说："生存的部分有十三个，死亡的部分有十三个。"民众繁衍生息，永不停止，而活人本来就要动，动得过度，生命就要受到损害；不停地动，也就是不停地损害。损害不停止，生命就耗尽了；生命耗尽了就叫作死，那么这十三个器官也都因此在这死亡的境地中了。所以说："人生下来就要动，动了都要走向死亡，这都是借助于人体的那十三个器官。"

是以圣人爱精神而贵处静。不爱精神不贵处静，此甚大于兕虎之害。夫兕虎有域，动静有时。避其域，省其时，则免其兕虎之害矣。民独知兕虎之有爪角也，而莫知万物之尽有爪角也，不免于万物之害。何以论之？时雨降集，旷野闲静，而以昏晨犯山川，则风露之爪角害之。事上不忠，轻犯禁令，则刑法之爪角害之。处乡不节，憎爱无度，则争斗之爪角害之。嗜欲无限，动静不节，则痤疽之爪角害之。好用其私智而弃道理，则网罗之爪角害之。兕虎有域，而万害有原，避其域，塞其原，则免于诸害矣。凡兵革者，所以备害也。重生者，虽入军无忿争之心；无忿争之心，则无所用救害之备。此非独谓野处之军也。圣人之游世也，无害人之心，则必无人害，无人害，则不备人。故曰："陆行不遇兕虎。"入山不恃备以救害，故曰："入军不备甲兵。"远诸害，故曰："兕无所投其角，虎无所错其爪，兵无所容其刃。"不设备而必无害，天地之道理也。体天地之道，故曰："无死地焉。"动无死地，而谓之"善摄生"矣。

【译文】

因此圣人爱惜精神而崇尚置身于安静淡泊。不爱惜精神，不重视置身于安静淡泊，这里面的危害比野牛和猛虎的危害要大得多。野牛和猛虎有一定的活动区域，动和静有一定的时间。如果避开它们的活动区域，留心它们的活动时间，就可以避免那犀牛、老虎的伤害了。百姓只知道野牛和猛虎有坚爪利角，却不知道各种事物都有坚爪利角，所以不能避免各种事物的伤害。为什么这样说呢？及时的雨水降临汇集，旷野一片清静，人们却在黄昏和清晨跋山涉水，这样的话，风露的爪角就会侵害他们；侍奉君主不忠诚，轻易违犯禁令，刑法的爪角就会伤害他们；居住在乡间不节制约束自己，爱憎没有一定的准则，争斗的爪角就会侵害他们；贪图享乐没有限度，行动举止不加节制，毒疮的爪角就会侵害他们；喜欢凭自己的个人智巧来办事而不遵循事物的客观规律，法网的爪角就会侵害他们。野牛和猛虎有它们的活动区域，各种祸害也都有它们的根源，如果避开野牛和猛虎等猛兽的活动区域，堵塞祸害的根源，就可以避免这些祸害了。所有兵器盔甲都是用来防备侵害的。重视自己生命的人，即使进入军营之中也没有愤怒争斗的心思；没有愤怒争斗的心思，就无处使用避免祸害的防备措施。这不单单是指在野外驻扎的军队而言。圣人在世上活动，没有害人的心思，这样也就一定没有人来伤害自己；没有人来伤害自己，就不用防备别人。所以说："在陆地上行走也不会遇上野牛和猛虎。"进入山林不用依仗防备措施来避免祸害，所以说："进入军营用不着准备盔甲兵器。"能远离各种祸害，所以说："野牛没有地方使用它的利角，猛虎没有地方施展它的坚爪，兵器没有地方用它的锋刃。"不采取防备措施也必然没有祸害，这是自然的道理。明白了自然的道理，所以说"不会陷入死亡的境地"。活动不会接近死地，就叫做"善于养生"。

爱子者慈于子，重生者慈于身，贵功者慈于事。慈母之于弱子也，务致其福；务致其福，则事除其祸；事除其祸，则思虑熟；思虑熟，则得事理；得事理，则必成功；必成功，则其行之也不疑；不疑之谓勇。圣人之于万事也，尽如慈母之为弱子虑也，故见必行之道。见必行之道则明，其从事亦不疑；不疑之谓勇。不疑生于慈，故曰："慈，故能勇。"

【译文】

喜欢子女的人疼爱自己的子女，重视生命的人爱惜自己的身体，崇尚功绩的人热爱自己的事业。慈爱的母亲对于自己幼小的孩子，致力于给他幸福；致力于给他幸福，就会努力去排除他的祸害；努力去排除他的祸害，就考虑周全；考虑周全，就能掌握事物的内在规律；掌握了事物的内在规律，就必定成功；必定成功，母亲做事就不再迟疑不决了；不迟疑就叫作勇敢。圣人对于万事万物，都如同慈爱的母亲为自己幼小的孩子考虑一般，所以能发现势在必行的规律；发现了势在必行的规律就明智了，这样他做起事来也不会再迟疑不决了；不迟疑就叫作勇敢。不迟疑产生于慈爱，所以说："因为慈爱，所以勇敢。"

周公曰："冬日之闭冻也不固，则春夏之长草木也不茂。"天地不能常侈常费，而况于人乎？故万物必有盛衰，万事必有弛张，国家必有文武，官治必有赏罚。是以智士俭用其财则家富，圣人爱宝其神则精盛，人君重战其卒则民众，民众则国广。是以举之曰："俭，故能广。"

【译文】

周公说："如果冬天里地冻得不坚固，春夏时草木的生长就不会茂盛。"天地尚且不能经常浪费和消耗，更何况是人呢？所以万物必定有兴盛和衰微，万事必定有松弛和紧张，国家必然有文治有武功，官吏治人必然有奖赏有惩罚，因此聪明的人节俭地使用财产，家庭就富裕；圣人爱惜珍视自己的精神，精力就旺盛；君主不轻易让自己的士兵去打仗，人民就众多；人民众多，国土就宽广。因此称道说："因为节俭，所以能够宽裕。"

凡物之有形者易裁也，易割也。何以论之？有形，则有短长；有短长，则有小大；有小大，则有方圆；有方圆，则有坚脆；有坚脆，则有轻重；有轻重，则有白黑。

短长、大小、方圆、坚脆、轻重、白黑之谓理。理定而物易割也。故议于大庭而后言则立[1]，权议之士知之矣。故欲成方圆而随其规矩，则万事之功形矣。而万物莫不有规矩[2]，议言之士，计会规矩也。圣人尽随于万物之规矩，故曰：“不敢为天下先。”不敢为天下先，则事无不事，功无不功，而议必盖世，欲无处大官，其可得乎？处大官之谓为成事长。是以故曰：“不敢为天下先，故能为成事长。”

【注释】

1 大庭：即朝廷。

2 规矩：画圆形、方形的圆规和角尺等器具，此处比作事物的法则。

【译文】

大凡有形状的物体就容易裁断，容易分析。凭什么对它下这样的结论呢？有形状，就有长短；有长短，就有大小；有大小，就有方圆；有方圆，就会有坚硬与脆嫩之别；有坚硬与脆嫩之别，就有轻重之分；有轻重之分，就有黑白之异。长短、大小、方圆、坚脆、轻重、黑白就叫作理。理确定之后，事物就容易分析了。所以在朝廷里议事而后发表的主张就能够成立，善于权衡各方面议论的人通晓这个道理。想要画成方形和圆形就得使用角尺和圆规等器具，那么一切事物的功效就都显现出来了。而各种事物都有自己的法则，出谋献策的人，就是考虑如何去遵循事物中所蕴含的这种法则。圣人遵循一切事物的一切法则，所以说："不敢做天下的先行者。"不敢做天下的先行者，事情就没有做不好的，功业就没有建立不起来的，而他的理论策略必定能压倒当代的其他人，圣人想要不处在重要的职位上，这可能吗？处在重要职位上就是成为办事的首领。因此说："不敢做天下的先行者，所以能成为办事的首领。"

慈于子者不敢绝衣食，慈于身者不敢离法度，慈于方圆者不敢舍规矩。故临兵而慈于士吏则战胜敌，慈于器械则城坚固。故曰："慈，于战则胜，以守则固。"夫能自全也而尽随于万物之理者，必且有天生。天生也者，生心也，故天下之道尽之生也。若以慈卫之也，事必万全，而举无不当，则谓之宝矣。故曰："吾有三宝，持而宝之。"

【译文】

疼爱自己孩子的人，不敢断绝孩子的衣服、食物；对身体爱惜的人，不敢背离法度；热衷于画方画圆的人，不敢舍弃圆规和角尺等器具。因此，面临战争而能爱惜士兵和下级军官，就可以打败敌人；能爱护战备设施和兵器，城池就可以坚固。所以说："慈爱，用于战争就能取胜，用于防御就能固守。"那种能够保全自己而完全遵循自然法则去做事的人，他身上必将有大自然所要生成的东西。这大自然所要生成的东西，也就是遵循自然法则的思想，所以天下之道都会通过这种思想反映出来。如果用慈爱来护卫这种思想，事情必定万无一失，而措施也没有不妥当的，那当然可以将它称作是"宝"了。所以说："我有三件宝，要掌握并珍视它。"

　　书之所谓"大道"也者，端道也。所谓貌"施"也者，邪道也。所谓"径"大也者[1]，佳丽也。佳丽也者，邪道之分也。"朝甚除"也者[2]，狱讼繁也。狱讼繁则田荒，田荒则府仓虚，府仓虚则国贫，国贫而民俗淫侈，民俗淫侈则衣食之业绝，衣食之业绝则民不得无饰巧诈，饰巧诈则知采文，知采文之谓"服文采"。狱讼繁，仓廪虚，而有以淫侈为俗，则国之伤也若以利剑刺之。故曰："带利剑。"诸夫饰智故以至于伤国者，其私家必富；私家必富，故曰："资货有余。"国有若是者，则愚民不得无术而效之；效之则小盗生。由是观之，大奸作则小盗随，大奸唱则小盗和。竽也者[3]，五声之长者也，故竽先则钟瑟皆随[4]，竽唱则诸乐皆和。今大奸作则俗之民唱，俗之民唱则小盗必和。故曰："服文采，带利剑，厌饮食，而货资有余者，是之谓盗竽矣。”

【注释】

1 径：小路。

2 除：通“涂”，脏。

3 竽：古簧管乐器，形似笙而较大，管数亦较多。

4 钟：古时的打击乐器。瑟：古时的一种弦乐器，似琴。

【译文】

《老子》书中所说的“大道”，即是正道；所说的外形“歪斜”，即是邪道。所谓把“小路”当作大路，即是认为这种小路精美华丽。而美好华丽的小道，便是邪道的一部分。书中所说的官府里很脏，是指诉讼案件繁多；诉讼案件繁多，就会使农田荒芜；农田一旦荒芜，仓库就会空虚；仓库空虚，国家就会陷入贫困的境地；国家陷入贫困的境地，民俗就淫逸奢侈；民俗淫逸奢侈，衣服和食品的产业就会断绝；衣服和食品的产业断绝，民众就不得不装饰巧诈；装饰巧诈，就会将心思花在漂亮的打扮上；将心思花在漂亮的打扮上，这就叫“穿着华丽”。诉讼案件繁多，仓库空虚，却又将淫逸奢侈作为风俗，那么国家受到的伤害也就像用利剑刺一样。这就叫：“佩带锋利的宝剑。”凡是那种用智慧巧诈来装扮自己以至于使国家受到伤害的人，私家必定富有；私家富有，这就叫："资金财物有积余。"一个国家存在像这样的人，那么愚昧的百姓就不得不想办法去效仿他们；去效仿就会滋生出小盗贼。由此看来，大奸兴起，小盗贼也就跟着出现了；大奸起唱，小盗就跟着附和。竽，是吹奏宫、商、角、徵、羽这五种乐调中最主要的乐器；所以竽领了头，钟、瑟就都随之响起；竽先演奏起来，各种乐器就都来附和。现在大奸兴起了，那么庸俗的人就跟着附和起来了；庸俗的人附和起来，小盗就必然起而附和。所以说："穿着华丽，佩带锋利的宝剑，饮食充足，而财物资金有余，这样的人也就可以称之为强盗头子了。"

人无愚智，莫不有趋舍。恬淡平安，莫不知祸福之所由来。得于好恶，怵于淫物，而后变乱。所以然者，引于外物，乱于玩好也。恬淡有趋舍之义，平安知祸福之计。而今也玩好变之，外物引之；引之而往，故曰"拔"[1]。至圣人不然：一建其趋舍，虽见所好之物，不能引，不能引之谓"不拔"；一于其情，虽有可欲之类，神不为动，神不为动之谓"不脱"。为人子孙者，体此道以守宗庙不灭之谓"祭祀不绝"。身以积精为德，家以资财为德，乡国天下皆以民为德。今治身而外物不能乱其精神，故曰："修之身，其德乃真。"真者，慎之固也。治家，无用之物不能动其计，则资有余，故曰：

“修之家，其德有余。”治乡者行此节，则家之有余者益众，故曰：“修之乡，其德乃长。”治邦者行此节，则乡之有德者益众，故曰：“修之邦，其德乃丰。”莅天下者行此节，则民之生莫不受其泽，故曰：“修之天下，其德乃普。”修身者以此别君子小人，治乡治邦莅天下者，各以此科适观息耗[2]，则万不失一。故曰：“以身观身，以家观家，以乡观乡，以邦观邦，以天下观天下。吾奚以知天下之然也？以此。”

【注释】

1 拔：这里用为动摇之意。

2 科：这里用为标准、准则之意。

【译文】

人们不论是愚蠢还是聪明，没有不进行取舍的。人们在清静寡欲和平淡安闲的时候，没有不知道祸福从何而来的。为好恶感情所支配，为奢侈东西所诱惑，然后才引起思想变化并发生混乱。之所以如此，是因为被外界事物所引诱，被珍贵玩物所扰乱。清静寡欲就能设立取舍的准则，平淡安闲就懂得恰当地计虑祸福。而现在有珍贵的玩物打动他们，有外界的事物引诱他们；一经引诱，他们就跟着走，所以《老子》就叫它“拔”。至于圣人就不是这样。圣人牢固地确立取舍标准，即便看到爱好的东西，也不会被引诱；不会被引诱就叫作"不拔"。圣人的情性专一，虽然存在着引起欲望的东西，精神却不为所动；精神不为所动就叫作"不脱"。做子孙的人，体察这一道理来守护宗庙；宗庙不灭，就叫作"祭祀不绝"。身体以积累精气为德，家庭以积蓄财产为德，乡里国家、天下都以保养民众为德。现在勤于自身修养，外界事物不能扰乱他的精神，所以《老子》说："修养施行到自己身上，他的德就会真。"所谓真，就是守护得很牢固。治理家庭。没有用的东西不能改变他的计划，资财就会有余，所以《老子》说："修养贯彻到家庭，他的德就有盈余。"治理乡里的人实行了这一条，那家庭有盈余的就会更多，所以《老子》说："贯彻到乡里，他的德就增长。"治理国家的人实行了这一条，那么乡里有德的人就会更多，所以《老子》说："贯彻到国家，他的德就丰富。"统治天下的人实行了这一条，民众的生存无不受到他的恩惠，所以《老子》说："贯彻到天下，他的德就普及广大。"修身的人用这项原则来区别君子小人，治乡、治国以至统治天下的人各自用这一项来对照观察兴衰，就能够万无一失。所以《老子》说："用自身来观察自身，用家庭来观察家庭，用乡里来观察乡里，用国家来观察国家，用天下来观察天下。我凭什么知道天下是这样的呢？就凭借这个方法。"

【评点】

本篇主要阐述了韩非从法家角度对老子思想的解释，这种解释不一定符合老子思想的本意，但以此看到道家思想是法家思想的起源之一。本篇也是对老子思想最早的注解文献。

韩非是精通老子学说的。他把握住了"不以无为为有常则虚"，这也是独具慧眼的，说明他并非死啃书本而未知化者。虽然如此，韩非的视线中还有盲区：德盛者，并非"上德"，而"上德"正因为未曾失德，因此被一般人认为是无德。所以德盛者，其实早已是"下德"。"上德"者无心而为，却可无所不为；"下德"者把"无为"当作一桩事来做，就落于"有为"。韩非就落于老子所说的后一种境界了。

喻老第二十一

天下有道[1]，无急患，则曰静。遽传不用。故曰："却走马以粪。"天下无道。攻击不休，相守数年不已。甲胄生虮虱[2]，燕雀处帷幄，而兵不归。故曰："戎马生于郊。"

【注释】

1 从这一节往下共五节解释的是《老子》第四十六章中的内容。

2 虮（jǐ）：虱子的卵。

【译文】

天下太平，没有发生危急的战乱，就叫做静。递送军情的传车快马也就不再使用。这就叫：“歇下奔马，用来运肥耕田。”天下不太平，攻占连年不断，相互防备着，几年都不能停止，以至于将士的战衣和头盔里都长出虱子，燕雀在军帐上都筑起了窝，而将士还是不能回家。这就叫：“战马在郊外产下马驹。”

翟人有献丰狐[1]、玄豹之皮于晋文公。文公受客皮而叹曰：“此以皮之美自为罪。”夫治国者以名号为罪，徐偃王是也[2]；以城与地为罪，虞、虢是也。故曰：“罪莫大于可欲。”

【注释】

1 翟：通“狄”。古代中国中原人对北方各民族的泛称。

2 徐偃王：西周时徐国国君，相传他目能仰视看得到自己的额头，故有“偃王”之称。偃，仰卧，引申为“仰”。

【译文】

有个狄国人向晋文公进献大狐、黑豹的皮。文公接受客人的兽皮后感叹道：“大狐和黑豹就是因为自己的毛皮太华美了而给自己带来灾难啊。”国君因为名号而带来祸害的，徐偃王就属于这种情况；因为自己的城邑和土地而给自己带来灾难的，虞、虢就属于这种情况。因此说：“罪过中没有比可以引起欲望更大的了。"

　　智伯兼范、中行而攻赵不已，韩、魏反之，军败晋阳，身死高粱之东[1]，遂卒被分，漆其首以为溲器[2]。故曰："祸莫大于不知足。"

　　【注释】

　　1 高粱：晋国地名，在今山西临汾东北。

　　2 溲器：小便器。一说为饮器。

　　【译文】

　　智伯兼并范氏、中行氏后，又不停地进攻赵氏，韩氏、魏氏反叛了他，智伯的军队在晋阳战败，智伯死在高粱东边，他的封地最终被瓜分，他的头盖骨被涂上漆当作溺器。所以说："祸患中没有比不知足更大的了。"

　　虞君欲屈产之乘与垂棘之璧[1]，不听宫之奇[2]，故邦亡身死。故曰："咎莫憯于欲得[3]。"

　　【注释】

　　1 屈产：晋国地名，在今山西石楼东南，产良马。垂棘：晋国地名，所在地不详，产玉石。

2 宫之奇：春秋时虞国大夫。

3 僭：通"惨"，惨痛。

【译文】

虞国君主贪图屈产出的良马和垂棘出的璧玉，不听取宫之奇的进谏，因此国亡身死。所以说："过失中没有比贪得更惨痛的了。"

邦以存为常，霸王其可也；身以生为常，富贵其可也。不以欲自害，则邦不亡，身不死。故曰："知足之为足矣[1]。"

【注释】

1 知足之为足矣：见《老子·四十六章》，今作"故知足之足，长足矣。"

【译文】

国家把生存作为根本，在此基础上称王称霸也是可能的；身体把生命作为根本，在此基础上获取富贵荣华也是可能的。不用贪欲来危害自身，国家就不会灭亡，君主也不会暴死。因此说："知道满足才是一种真正的满足。"

楚庄王既胜，狩于河雍[1]，归而赏孙叔敖[2]。孙叔敖请汉间之地[3]，沙石之处。楚邦之法，禄臣再世而收地[4]，唯孙叔敖独在。此不以其邦为收者，瘠也，故九世而祀不绝[5]。故曰："善建不拔，善抱不脱，子孙以其祭祀世世不辍。"孙叔敖之谓也。

【注释】

1 河雍：地名，在今河南原阳西南。

2 孙叔敖：春秋时楚国人，楚庄王时任令尹。

3 汉间：指汉水附近。

4 再世：两代人。

5 九世：指多代人。九：泛指多。

【译文】

楚庄王打了胜仗之后，在河雍地带打猎，回国后奖赏孙叔敖。孙叔敖请求得到汉水附近的一块贫瘠的土地。楚国的法制规定，享受俸禄的大臣，到第二代就要收回封地，而只有孙叔敖的那块封地得以一直保存。不把他的封地收回，原因就在于那块土地贫瘠，因而孙叔敖的子孙好多代都享有这块封地。所以说："善于建立的就不会被拔掉，善于抱持的就不会脱落，子孙因为善守封地而代代香火不绝。"说的就是孙叔敖这种情况。

制在己曰重，不离位曰静。重则能使轻，静则能使躁。故曰："重为轻根，静为躁君[1]。"故曰"君子终日行，不离辎重[2]"也。邦者，人君之辎重也。主父生传其邦，此离其辎重者也，故虽有代、云中之乐[3]，超然已无赵矣。主父，万乘之主，而以身轻于天下。无势之谓轻，离位之谓躁，是以生幽而死。故曰："轻则失臣，躁则失君。"主父之谓也。

【注释】

1 君：主，主宰。

2 辎重：原指行军所带粮食、装备等，此处指生存的基础。

3 代：赵国地名，在今河北蔚县一带。云中：赵国地名，在今内蒙古托克托一带。

【译文】

控制权掌握在自己手中就叫作"重"，不离开自己的君主位置就叫作"静"。重就能役使轻，静就能驾驭躁。所以说："重是轻的根本，静是躁的主宰。""圣人整天在外行走，也从不离开自己的衣食行李。"国家即是君主生存的基础。赵武灵王活着就传位给儿子，这就离开了他生存的基础，所以他虽然也享受了在代、云中一带活动的快乐，飘飘然已失去赵国了。赵武灵王是大国的君主，而因为自身的原因没有重视自己的国家。失去权势叫作"轻"，离开君位叫作"躁"，因此赵武灵王被活活囚禁而饿死了。所以《老子》说："没有了权势就会失去自己的臣子，浮躁就会丢掉君位。"说的就是赵武灵王这种情况。

势重者，人君之渊也。君人者，势重于人臣之间，失则不可复得矣。简公失之于田成，晋公失之于六卿，而邦亡身死。故曰："鱼不可脱于深渊[1]。"赏罚者，邦之利器也，在君则制臣，在臣则胜君。君见赏，臣则损之以为德；君见罚，臣则益之以为威。人君见赏，则人臣用其势；人君见罚，而人臣乘其威。故曰："邦之利器，不可以示人。"

【注释】

1 鱼不可脱于深渊：此句和本段引号中的其他文字均引用自《老子·三十六章》。

【译文】

权势，就如同是君主这条鱼的深潭一样。君主的权势落到了臣下手里，失去后就不可以再找回来了。齐简公权势落到田成子手中，晋国君权落到六卿手中，最终他们都落了个国亡身死的结局。所以说："鱼不可以脱离深渊。"所谓的赏罚，是国家的利器，握在君主手中可以控制臣下，掌握在臣子手里就可以战胜君主。君主表示要行赏，臣下就会减少奖赏的数额以表示自己已经掌握了奖赏权力；君主表示要行罚，臣下就会增加惩罚的力度以表示自己已经掌握了惩罚的权威。君主显露出行赏的计划，而臣子利用了他的权势；君主显露出行罚的计划，而臣子凭借了他的权威。所以说："国家的赏罚利器，不可以拿给别人观看。"

越王入宦于吴，而观之伐齐以弊吴。吴兵既胜齐人于艾陵[1]，张之于江、济，强之于黄池[2]，故可制于五湖。故曰："将欲翕之，必固张之；将欲弱之，必固强之。"晋献公将欲袭虞，遗之以璧马；知伯将袭仇由，遗之以广车。故曰："将欲取之，必固与之。"起事于无形，而要大功于天下，"是谓微明"。处小弱而重自卑损，谓"弱胜强"也。

【注释】

1 艾陵：齐国地名，在今山东莱芜东北。

2 江：长江。济：济水，在今河南、山东境内。

【译文】

越王勾践到吴国去服役，而示意吴王攻打齐以便削弱吴国。吴军已在艾陵战胜了齐军，势力扩张到长江、济水流域，又在黄池这个地方逞强争霸，由于出兵在外，久战力衰，因此越国可以在太湖地区制服吴国。所以说："想要缩小它，必须暂且扩张它；想要削弱它，必须暂且加强它。"晋献公计划袭击虞国，先将璧玉和宝马赠给虞君；智伯将要袭击仇由，就把载着大钟的广车赠送给他们。所以说："想要夺取它，必须暂且给予它。"在开始做事的时候不露形迹，求得在天下获取大功，"这就叫微妙的明智"。处在弱小地位而能注重自行谦卑克制，说的是"弱能胜强"的道理。

有形之类，大必起于小；行久之物，族必起于少。故曰："天下之难事必作于易，天下之大事必作于细。"[1]是以欲制物者于其细也。故曰："图难于其易也，为大于其细也。"千丈之堤，以蝼蚁之穴溃；百尺之室，以突隙之烟焚[2]。故曰："白圭之行堤也塞其穴[3]，丈人之慎火也涂其隙，是以白圭无水难，丈人无火患。"此皆慎易以避难，敬细以远大者也。扁鹊见蔡桓公，立有间。扁鹊曰："君有疾在腠理[4]，不治将恐深。"桓侯曰："寡人无疾。"扁鹊出。桓侯曰："医之好治不病以为功。"居十日，扁鹊复见曰："君之病在肌肤，不治将益深。"桓侯不应。扁鹊出。桓侯又不悦。居十日，扁鹊复见曰："君之病在肠胃，不治将益深。"桓侯又不应。扁鹊出。桓侯又不悦。居十日，扁鹊望桓侯而还走，桓侯故使人问之。扁鹊曰："病在腠理，汤熨之所及也；在肌肤，针石之所及也；在肠胃，火齐之所及也[5]；在骨髓，司命之所属[6]，无奈何也。今在骨髓，臣是以无请也。"居五日，桓侯体痛，使人索扁鹊，已逃秦矣。桓侯遂死。故良医之治病也，攻之于腠理。此皆争之于小者也。夫事之祸福亦有腠理之地，故圣人蚤从事焉。

【注释】

1 "天下之难事必作于易，天下之大事必作于细"，此二句与下文"图难于其易也，为大于其细也"二句均出自《老子·六十三章》。

2 突隙：烟囱的缝隙。突：烟囱。

3 白圭：战国时魏国的相，善于修筑堤坝，兴修水利。

4 腠（còu）理：皮肤，表皮。

5 火齐：清热去火的药剂。齐：通"剂"。

6 司命：相传为主宰人生命的神。

【译文】

有形状的东西，大的一定是从小的发展起来的；经历久远的事物，多的一定是从少的发展起来的。所以《老子》说："天下的难事一定是从容易的事发展起来的，天下的大事一定是从细小的事发展起来的。”因此，要想控制事物，就必须在它还细小的时候下手。所以《老子》说：“想要解决困难的事情，就必须在它还容易解决的时候下手；治理大事，就必须在它还细小的时候着手。”上千丈的长堤，因为蝼蛄蚂蚁所打的洞穴而溃决；上百尺的高房子，因为烟囱裂缝中进出的火星而被烧毁。所以人们都称道说：白圭巡视堤坝的时候填塞那蝼蛄和蚂蚁打的洞穴，老年人谨慎地对待火种而用泥涂塞那烟囱的裂缝，因此白圭守护的地方没有水灾，那老年人居住的房子没有火灾。这些都是谨慎地对待容易解决的事来避免难以解决的事，慎重地对待细小的漏洞来避开大祸的例子啊。

扁鹊拜见蔡桓侯，站了一会儿，扁鹊说：“您有点毛病在汗毛孔，如果不治疗，恐怕会加重。”桓侯说：“我没有什么毛病。”扁鹊出去了。桓侯说：“医生喜欢给没有疾病的人治病来作为自己的功劳。”过了十天，扁鹊又拜见桓侯，说：“您的疾病在肌肉与皮肤之间，如果不治疗，就会更加严重。”桓侯不加理睬。扁鹊出去了，桓侯又很不高兴。过了十天，扁鹊又拜见桓侯，说：“您的疾病在肠胃，如果不治疗，就会更加严重。”桓侯又没有理会他。扁鹊出去了，桓侯又很不高兴。过了十天，扁鹊远远望见桓侯便转身跑了，桓侯特地派人去询问他。扁鹊说：“毛病在汗毛孔，用药汤浸泡、用药物热敷就能奏效了；在肌肉与皮肤之间，使用金针、石针来针灸就能奏效了；在肠胃，服用火煎的汤剂就能奏效了；在骨髓，这是主管生命的司命神所管辖的，对它就没有什么办法了。现在君主的疾病在骨髓，我因此不再请求给他治病了。"过了五天，桓侯身体疼痛，派人去找扁鹊，扁鹊已经逃到秦国了。桓侯也就死了。所以好的医生治病，一定是在病灶还处在汗毛孔的时候就去治疗它。这些都是争取把事情解决在细小阶段的例子啊。事情的祸福也有类似汗毛孔的疾病这种刚露苗头而容易采取措施的阶段，所以《老子》说："圣人会对事情及早加以处理。"

昔晋公子重耳出亡[1]，过郑，郑君不礼。叔瞻谏曰："此贤公子也，君厚待之，可以积德。"郑君不听。叔瞻又谏曰："不厚待之，不若杀之，无令有后患。"郑君又不听。及公子返晋邦，举兵伐郑，大破之，取八城焉。晋献公以垂棘之璧假道于虞而伐虢，大夫宫之奇谏曰："不可，唇亡而齿寒，虞、虢相救，非相德也。今日晋灭虢，明日虞必随之亡。"虞君不听，受其璧而假之道。晋已取虢，还反，灭虞。此二臣者，皆争于腠理者也，而二君不用也。然则叔瞻、宫之奇亦虞、郑之扁鹊也，而二君不听，故郑以破，虞以亡。故曰："其安，易持也；其未兆，易谋也。"

【注释】

1 这一节说明的是《老子》第六十四章中的内容。

【译文】

从前晋公子重耳出国流亡，经过郑国的时候，郑国的君主郑文公对他没有礼貌。郑国的大夫叔瞻劝谏郑文公说："这是个贤能的公子啊，您好好款待他，可以积累恩德。"郑文公不听这些劝告。叔瞻又劝他说："如果您不去好好款待他，那就不如把他杀了，不要使自己有以后的祸患。"郑文公又不听。等到重耳返回晋国，便兴兵讨伐郑国，把它打得大败，攻取了郑国八个城邑。晋献公用垂棘的玉璧去向虞国借路来攻打虢国，大夫官之奇劝谏说："不能答应。嘴唇没有了，门牙就会受寒。虞国和虢国互相救援，并不是在互施恩德，而是由于两国有着唇齿相依、同存同亡的关系啊。今天如果晋国灭掉了虢国，明天虞国一定会跟着灭亡。"虞国的君主不听官之奇的劝告，接受了晋国的玉璧而把道路借给了晋国。晋国已经攻取了虢国，回国后，又消灭了虞国。叔瞻和官之奇这两个臣子，都是在祸害还处在汗毛孔的时候就争取要制止它的人，只不过两位君主不听他们罢了。这样看来，那么叔瞻、官之奇，也就是郑国、虞国的扁鹊啊，但两位君主不听他们的话，所以郑国因此而被攻破，虞国因此而被消灭。因此《老子》说："事情处于稳定的时候，就容易控制；事情还没有显露出征兆的时候，就容易设法对付。”

　　昔者纣为象箸而箕子怖[1]，以为：“象箸必不加于土铏，必将犀玉之杯；象箸玉杯必不羹菽藿，必旄、象、豹胎；旄、象、豹胎必不衣短褐而食于茅屋之下，则锦衣九重，广室高台。吾畏其卒，故怖其始。”居五年，纣为肉圃，设炮烙[2]，登糟丘，临酒池，纣遂以亡。故箕子见象箸以知天下之祸。故曰：“见小曰明。”

【注释】

　　1 本节说明的是《老子》第五十二章中的内容。箕子：商纣王的叔父，为太师，封于箕（位于今山西太谷东北）。

　　2 烙：通“格”。

【译文】

　　从前商纣王做了象牙筷子而箕子就恐惧了，他认为：“象牙筷一定不会用在陶土烧制的菜碗上，那就一定要用犀牛角和宝玉做的杯子；象牙筷和玉杯一定不用它来吃豆类叶子熬煮的浓汤，那就一定要吃牦牛、大象、豹子等的胚胎；吃了牦牛、大象、豹子等的胚胎就一定不会再穿着粗布衣服且住在草屋之中吃东西，那就要穿着用华美的织锦缎做的衣服好几套，住在宽敞的房子里，坐在高高的土台上。我害怕这事情将导致的后果，所以对它的开始感到恐惧。”过了五年，商纣王建了挂着肉类的宫殿，设置了烤肉用的铜格，登上了酒糟堆积成的小山，面对着盛酒的池子畅饮，商便因此灭亡了。那箕子看见了象牙筷便因此而预感到了天下的灾祸。所以《老子》说："能看到事物那细微的苗头叫作明察。"

勾践入宦于吴[1]，身执干戈为吴王洗马[2]，故能杀夫差于姑苏[3]。文王见詈于王门[4]，颜色不变，而武王擒纣于牧野[5]。故曰："守柔曰强。"越王之霸也不病宦，武王之王也不病詈。故曰："圣人之不病也，以其不病，是以无病也。"

【注释】

1 此节说明的是《老子》第五十二章与七十一章中的内容。

2 洗：通"先"。

3 姑苏：吴国国都，位于今江苏苏州。

4 见：被。詈：骂。王：古"玉"字。

5 牧野：古代地名，位于今河南淇县南。

【译文】

越王勾践到吴国去做奴仆，亲自拿着盾和戈等兵器做吴王的马前卒，所以能把吴王夫差杀死在姑苏。周文王在镶玉的王官门下被商纣王辱骂，脸色不变，所以他的儿子武王后来能在牧野擒获纣王。所以《老子》说："能保持柔顺叫作强大。"越王能称霸天下，是因为他不把做奴仆看作耻辱；周武王能称王天下，是因为他不把辱骂看作耻辱。所以《老子》说："圣人不把那些事看作为耻辱，因为他不把那些事看作耻辱，因此就没有了耻辱。"

宋之鄙人得璞玉而献之子罕[1]**，子罕不受。鄙人曰："此宝也，宜为君子器，不宜为细人用。"子罕曰："尔以玉为宝，我以不受子玉为宝。"是鄙人欲玉，而子罕不欲玉。故曰："欲不欲，而不贵难得之货。"**

【注释】

1 子罕：指乐喜，春秋时期宋国的贤臣，宋平公（公元前 575—前 532 年在位）时任司城。

【译文】

宋国有个乡下人得到了一块没有加工过的玉石而把它献给乐喜，乐喜不肯收下。这乡下人说："这是珍宝啊，应该拿来做成大官的器物，不应该把它作为平民百姓的用具。"乐喜说："你把玉当作珍宝，我把不接受您的玉作为珍宝。"

这样看来，是这个乡下人追求玉，而乐喜不追求玉。所以《老子》说："把不追求当作自己的追求，因而不看重那些难得的财物。"

王寿负书而行，见徐冯于周涂[1]。冯曰："事者，为也；为生于时，知者无常事[2]。书者，言也；言生于知，知者不藏书。今子何独负之而行？"于是王寿因焚其书而舞之。故知者不以言谈教，而慧者不以藏书箧。此世之所过也，而王寿复之，是学不学也。故曰："学不学，复归众人之所过也。"

【注释】

1 徐冯：周国的隐士。涂：通"途"。

2 知：通"智"。

【译文】

王寿背着书赶路，在周国的道路上遇见了徐冯。徐冯说："事情，是人们的各种行为造成的；而种种行为又产生于当时的具体情况，所以聪明的人不可能去做那些永恒不变的事情。书籍，是人们的各种言论构成的，而种种言论产生于对各种具体事物的认识，所以有智慧的人是不收藏书籍的。现在您为什么偏要背着它走路呢？"于是王寿便焚烧了自己的书并挥扬那灰烬。所以聪明的人不用书上的言论来说教，而有智慧的人不用藏书在小箱子中。这种不学习古书的态度是社会所非议的，而王寿却又重新恢复了这种做法，这是把不学习作为自己的学习。所以《老子》说："把不学习作为自己的学习，又重新回归到众人所非议的做法上来了。"

夫物有常容，因乘以导之。因随物之容，故静则建乎德，动则顺乎道。宋人有为其君以象为楮叶者，三年而成。丰杀茎柯[1]，毫芒繁泽，乱之楮叶之中而不可别也。此人遂以功食禄于宋邦。列子闻之曰[2]："使天地三年而成一叶，则物之有叶者寡矣。"故不乘天地之资而载一人之身，不随道理之数而学一人之智，此皆一叶之行也。故冬耕之稼，后稷不能羡也[3]；丰年大禾，臧获不能恶也。以一人力，则后稷不足；随自然，则臧获有余。故曰："恃万物之自然而不敢为也。"

【注释】

1 丰：肥大。杀：衰减，瘦小。茎柯：树枝，此指叶子的支脉。

2 列子：列御寇，战国时郑国人，是著名的道家人物。

3 后稷：姓姬，名弃，周部族的始祖，因为他善于种植农作物，所以在尧、舜时代任农官。羡：余。

【译文】

万物都有它固有的形态，因而可以凭借它的这种形态来引导它。因为能够顺应万物的形态来引导它，所以静止的时候就能够立足于事物的本质属性，行动的时候就能够顺应事物的客观规律。宋国有个人给他的君主把象牙雕刻成楮树的叶子，雕刻了三年才雕成。那叶子上有肥大的主脉、瘦小的支脉，毫毛细芒繁多而有光泽，把它混杂在真的楮树叶之中都不能辨别出来。这个人就靠了这一功劳在宋国做官吃俸禄。列子听说了这件事说："假如自然界也是三年才长成一片叶子，那么植物中有叶子的也就很少了。"不凭借自然界的资源而把任务都压到一个人的身上，不顺应自然规律的理数而去学习一个人的智巧，这些都是好比三年雕出一片叶子的行为啊。所以，冬天耕种的庄稼，就是靠善于种植农作物的后稷去栽培，也不能使它超过常规而长得很茂盛；丰收年成长粗壮的禾苗，就是让奴婢们去管理，也不会使它一塌糊涂。做事依靠一个人的能力，就好比后稷来栽培作物，也还不够；顺应自然，就好比让奴婢们去管理庄稼，也绰绰有余。所以《老子》说："依靠万物的自然成长而不敢主观地去有所作为。"

空窍者，神明之户牖也。耳目竭于声色，精神竭于外貌，故中无主。中无主，则祸福虽如丘山，无从识之。故曰："不出于户，可以知天下；不窥于牖，可以知天道。"

此言神明之不离其实也。

【译文】

耳朵、眼睛等孔穴，是精神的门窗。如果听力、视力全部消耗在音乐美色上，精神全部消耗在外貌仪表上，那么内心就会没有主宰。内心没有主宰，那么祸福即使像山陵那样高大而摆在眼前，也没有办法认识它们了。所以《老子》说："不从门口出去，就可以知道天下的事情；不从窗户向外探看，就可以知道日月星辰的运行情况。"这是说人的精神不能离开自己的身体啊。

赵襄主学御于王子于期[1]，俄而与于期逐，三易马而三后。襄主曰："子之教我御，术未尽也？"对曰："术已尽，用之则过也。凡御之所贵：马体安于车，人心调于马，而后可以进速致远。今君后则欲逮臣，先则恐逮于臣。夫诱道争远，非先则后也，而先后心皆在于臣，上何以调于马[2]？此君之所以后也。"白公胜虑乱[3]，罢朝，倒杖而策锐贯颐，血流至于地而不知。郑人闻之曰："颐之忘，将何不忘哉！"故曰："其出弥远者，其智弥少。"此言智周乎远，则所遗在近也。是以圣人无常行也。能并智，故曰："不行而知。"能并视，故曰："不见而明。"随时以举事，因资而立功，用万物之能而获利其上，故曰："不为而成。"

【注释】

1 王子于期：即王良，晋国人，善于驾驭车马。

2 上：通"尚"。

3 白公胜：春秋时楚平王太子建的儿子，后为谋取楚国王位，发动叛乱被杀。

【译文】

赵襄子向王良学习驾驭车马的技巧，不久他就与王良比赛驾车，两人换了三次马而赵襄子三次都落后了。襄子说："您教我驾马，技巧没有全教给我吧？"王良回答说："驾车的技巧已经全部教给您了，但您在使用时还有错误。驾驭车马应重视的，要让马的身体与车子之间保持协调，人的注意力和马的动作相协调一致，然后才能够奔得快，跑得远。现在您落在我的后面时就一心想着要赶上我；跑到我前面又怕被我赶上。引导马做远程赛跑，不是领先，就是落后；您无论是跑在前面还是落在后面，注意力都在我身上，还怎么能和马协调一致呢？这就是您落后的原因。"白公胜计划作乱，朝会结束后，他倒拿着马鞭，结果被鞭杆上的尖针刺穿了脸颊，连血流到地上都未觉察。郑人听到后说："连自己的脸颊都忘记了，还有什么不会忘记呀！"所以说："走出去越远，获得的真知越少。"这是说如果一个人的思想全部围着远事转，那么他就会忽略身边的事情。因此圣人没有恒定如一的行为。他们对遥远的事情和近处的事情都能够同时考虑周到，所以说"圣人不行动就全知道了"。能同时看到远近各处，所以说"圣人不用亲自去看就能够明白一切"。根据时机来办事，依靠条件来立功，利用万物的特性而在此基础上获利，所以说"圣人不用亲自做事就能获得成功"。

　　楚庄王莅政三年，无令发，无政为也。右司马御座而与王隐曰[1]："有鸟止南方之阜[2]，三年不翅，不飞不鸣，嘿然无声[3]，此为何名？"王曰："三年不翅，将以长羽翼；不飞不鸣，将以观民则。虽无飞，飞必冲天；虽无鸣，鸣必惊人。子释之，不谷知之矣。"处半年，乃自听政。所废者十，所起者九，诛大臣五，举处士六[4]，而邦大治。举兵诛齐，败之徐州[5]，胜晋于河雍，合诸侯于宋，遂霸天下。庄王不为小害善，故有大名；不蚤见示，故有大功。故曰："大器晚成，大音希声。"

【注释】

1 右司马：官名，主管军政。御座：君主的座位，此处指站在君主的座位旁。

2 阜：山丘。

3 嘿：同“默”，沉默。

4 处士：隐士。

5 徐州：即舒州，在今山东滕州一带。

【译文】

楚庄王执政三年，没有发布过命令，也没有推行任何政治措施。主管军政的官员在君主座位旁边用隐语对庄王说："有一只鸟栖息在南边的土丘上，三年以来没有展开过自己的翅膀，不飞翔也不鸣叫。默然无声，这该怎么解释呢？"庄王说："三年以来没有展开过自己的翅膀，是用来长羽翼的；不飞翔也不鸣叫，是用来观察民众的习惯。它现在虽然没有起飞，一飞必定冲天；虽然没有鸣叫，一鸣必定惊人。您就放心吧，我明白您的意思。"过了半年，庄王就亲自处理政事了。废掉的事情有十件，兴办的事情有九件，惩处大臣五人，提拔没有做官的读书人六个，而楚国因此治理得安定祥和。起兵伐齐，在舒州击败齐军，在河雍战胜晋军，在宋国召集诸侯会盟，于是称霸天下。庄王不让小事妨碍自己的长处，因而能有大名；没有早早地显露自己的才华，因而能有大功。所以说："伟大的人较晚才能取得成就，伟大的名声较少声张。"

楚庄王欲伐越，杜子谏曰："王之伐越，何也？"曰：

“政乱兵弱。”杜子曰：“臣愚患之。智如目也，能见百步之外而不能自见其睫。王之兵自败于秦、晋，丧地数百里，此兵之弱也。庄蹻为盗于境内而吏不能禁[1]，此政之乱也。王之弱乱，非越之下也，而欲伐越，此智之如目也。”王乃止。故知之难，不在见人，在自见。故曰：“自见之谓明。”

【注释】

1 庄跷蹻：即庄蹻，人名，楚国的大盗。

【译文】

楚庄王准备出兵进攻越国，杜子进谏说：“大王攻打越国，是出于什么缘故呢？”楚王说：“因为越国的政局混乱而军队弱小。”杜子说：“愚臣很为此事担忧。人的智慧就好比他的眼睛一样，能看见百步以外的东西，却看不到自己的眼睫毛。大王您的军队曾被秦、晋两国的军队打败，丧失了方圆数百里的土地，这是兵力衰弱的外现啊；庄蹻在境内造反，官府却不能加以禁止，这是政治混乱的表现啊。大王您兵力衰弱、政治混乱的程度并不在越国之下，反而想去攻打越国，这就是智慧如同眼睛，见远不见近啊。”楚庄王便终止了他的进攻计划。所以了解事物的困难，不在于看清别人，而在于看清自己。这就叫：“能够认清自己叫作明察。”

子夏见曾子。曾子曰："何肥也？"对曰："战胜，故肥也。"曾子曰："何谓也？"子夏曰："吾入见先王之义则荣之，出见富贵之乐又荣之，两者战于胸中，未知胜负，故臞[1]。今先王之义胜，故肥。"是以志之难也，不在胜人，在自胜也。故曰："自胜之谓强。"[2]

【注释】

1 臞：消瘦。

2 引文出自《老子·三十三章》："自胜者强。"

【译文】

子夏碰到了曾子，曾子说："你怎么胖了？"子夏回答说："因为打了胜仗，所以胖了。"曾子说："这是什么意思？"子夏说："过去我在家里学习前代圣王的学说时，总会非常景仰；出门看到荣华富贵给人带来的快乐时，心中又很羡慕。这两种情绪在心里发生了斗争，分不出谁胜谁负，所以瘦了；现在先前圣贤的道理获胜了，所以胖了。"所以一个人树立志向的困难，不在于胜过别人，而在于战胜自己。所以说："能战胜自己才叫作真正的强大。"

周有玉版[1]，纣令胶鬲索之[2]，文王不予，费仲来求[3]，因予之。是胶鬲贤而费仲无道也。周恶贤者之得志也，故予费仲。文王举太公于渭滨者，贵之也[4]；而资费仲玉版者，是爱之也[5]。故曰："不贵其师，不爱其资，虽知大迷，是谓要妙。"

【注释】

1 这段解说的是《老子》第二十七章中的内容。

2 胶鬲：人名，商纣王的臣子。索：要，索求。

3 费仲：商纣王的执政大臣，善于阿谀奉承，贪图财利。

4 "文王"句：意思是说尊重太公，是为了依靠他来成就自己的帝王大业。

5 "而资"句：意思是说爱护费仲，是为了使他能够得志，以便扰乱纣王的国政。

【译文】

周国拥有一块玉版，殷纣王派胶鬲前去索取，文王不给他；费仲前去索求，文王就给了。这是因为胶鬲有德才而费仲没有德行啊。周人讨厌贤人在殷朝得志，所以给了费仲。周文王在渭水边提拔了太公，那是尊重他；而把玉版提供给费仲，却是看重他得志后可以扰乱殷纣。所以《老子》说："假如不尊重自己可以依靠的老师，不爱惜可资利用的条件，尽管聪明，终是大糊涂。这就叫做奥妙。"

【评点】

"喻"是一种用具体事例说明抽象道理的方法。"喻老"是一篇用历史故事和民间传说阐发《老子》思想的哲理文章。它在不长的篇幅中，用了二十五则历史故事和民间传说解释了《老子》相关内容，使《老子》抽象的哲学思想有了具体可感的呈现，在中国哲学史和训诂学史上起着发凡起例的作用，同时也使他的刑名法术之学有了比较精深的理论凭借。需要指出的是，这两篇对《老子》的理解也有不一致的地方，但是有一点则是相同的，就是韩非在解说中同时宣扬了自己的哲学、政治思想。所以，本篇同样是后人了解韩非政治思想的哲学基础和理论渊源的重要篇章。

韩非认为，任何人处在某一地位，必然有这个地位的责任。负起了这个责任，必须就要掌握这个地位的权势。如果不想管，都交给下属去办，当然也就失去这个地位的权势了。而权势的直接表现，就是赏罚的施行。而赏罚，则是领导人表示权威的手段。所以这个"利器"，不可以轻易放给别人，也不可以轻易表现出来。